Lara Sonnenberg Klasse 3a

Zum Lehrgang gehören:

Bestell-Nr.

Normalausgabe

Lesebuch, 208 S., vierf., FeEbd	3405-90
Arbeitsheft zum Lesebuch, 80 S., vierf., Gh	3405-92
Sprachbuch, 160 S., vierf., Br., mit Schutzumschlag	3405-91
Arbeitsheft zum Sprachbuch, 80 S., vierf.	3405-93
Wortkarten, DIN-A8-Karten, vierf., in 5-Fächer-Lernbox	3405-96

Silbierte Ausgabe

Lesebuch, 208 S., vierf., FeEbd	3405-80
Arbeitsheft zum Lesebuch, 80 S., vierf., Gh	3405-82
Sprachbuch, 160 S., vierf., Br., mit Schutzumschlag	3405-81
Arbeitsheft zum Sprachbuch, 80 S., vierf., Gh	3405-83
Wortkarten, DIN-A8-Karten, vierf., in 5-Fächer-Lernbox	3405-96

Handbuch zum Lesebuch, methodisch-didaktische Kommentare, Kopiervorlagen, differenzierende Arbeitsblätter, Lösungen, Ringbuch	3405-70
Handbuch zum Sprachbuch, methodisch-didaktische Kommentare, Kopiervorlagen, differenzierende Arbeitsblätter, Lösungen, Ringbuch	3405-71
Folien zum Sprachbuch (3405-91), inkl. CD-ROM mit den Folien als PDF, Ringbuch	3405-75
Musik-CD, Lieder zu 3405-91 und 4405-91 sowie Sequenzen zu Kontrastpaaren	3405-76
Arbeitsblätter zur individuellen Förderung und Differenzierung, Ringbuch	3405-77
Lernkontrollen als Word- und PDF-Dateien, Einzellizenz, CD-ROM in DVD-Box	3405-78
Lernkontrollen als Word- und PDF-Dateien, Schullizenz, CD-ROM in DVD-Box	3405-79

Impressum

Bestell-Nr. 3405-80
ISBN 978-3-619-34580-9

erarbeitet von Stefanie Drecktrah und Klaus Kuhn
nach den Ausgaben „ABC der Tiere 3 · Lesebuch" (3402-90) von Bettina Erdmann, Katrin Herter, Klaus Kuhn, Stephanie Volk und „ABC der Tiere 3 · Lesebuch" (3402-30) von Katrin Herter, Klaus Kuhn

Auflage 6 5 4 3
Jahr 2024 2023 2022 2021

www.mildenberger-verlag.de
E-Mail: info@mildenberger-verlag.de

Redaktion: Stefanie Alender
Grafik: Mildenberger Verlag GmbH

Druck: aprinta Druck GmbH, 86650 Wemding
Gedruckt auf umweltfreundlichen Papieren

Leichter lesen lernen mit dem farbigen Silbentrenner

Durch die zweifarbige Kennzeichnung der einzelnen Silben lernen die Kinder leichter lesen: Die Silben sind schneller zu erfassen als das ganze Wort. Sie zeigen die Sprech-Silben an und diese sind der Schlüssel, um ein Wort richtig lesen und verstehen zu können.
In den allermeisten Fällen sind die Sprech-Silben identisch mit der möglichen Worttrennung am Zeilenende. In erster Linie bei der Trennung einzelner Vokale (a, e, i, o, u) gibt es einen Unterschied: Nach der aktuellen Rechtschreibung werden diese am Zeilenende nicht abgetrennt. Da diese Wörter aber mehrere Sprech-Silben haben, sind diese auch mit zwei Farben gekennzeichnet: Eva, Ofen, Radio.

ABC der Tiere 3
Lesebuch
silbierte Ausgabe

Herausgegeben von

Klaus Kuhn

Erarbeitet von

Stefanie Drecktrah
Klaus Kuhn

Mildenberger

Inhalt

✸ Texte mit Stern — Diese Texte sind etwas schwerer.

Wir sind in Klasse 3

Wetter, Wasser, Wind

Manchmal fühle ich mich ...

Im Lauf der Zeit

Essen und Trinken

Arbeit und Beruf

Erfinder verändern die Welt

Inhalt

Von Kindern und Tieren

Natur erleben und entdecken

Orte – nah und fern

Medien

Medien (Fortsetzung)

Jahreszeiten

Werkstatt und Anhang

Schule ist unsere Welt – und in der ganzen Welt ist Schule

Justine, 10 Jahre, Straßburg in Frankreich, berichtet:

Der Unterricht beginnt bei uns immer um 8 Uhr. Am liebsten mache ich Mathematik, Sport und Kunst. Mein Schultag endet um 16.15 Uhr. An zwei Tagen esse ich in der Schulkantine und sonst zu Hause. Ich habe in diesem Schuljahr fünf Bücher: für Mathematik, Deutsch, Französisch, Geschichte und Geografie. In meiner Klasse sind 23 Kinder. Zu Fuß brauche ich fünf Minuten zu meiner Schule.

Massaikinder aus Kenia in Afrika erzählen:

Unsere Schule ist im Freien. Wir sitzen unter einem Baum.

Es ist sehr heiß. Nur der Baum schützt uns vor der Sonne.

Nur der Lehrer hat eine Tafel.

Wir haben keine Hefte und Stifte.

Die Schule dauert von morgens bis abends. Wir müssen den ganzen Tag still sitzen. Das ist für ein Nomadenkind ganz schön schwierig.

Vor dem Lesen ⇢ Lesetipp 1, S. 190

Marvin aus Australien schreibt eine E-Mail.

An: Tom.Schmid@…

Betreff: Grüße aus Australien

Hello Tom,

ich lebe auf einer Farm im Outback*. Ich kann keine normale Schule besuchen, weil der Schulweg zu weit ist. Die nächste Schule ist 1 000 Kilometer entfernt. Deshalb lerne ich zu Hause. Ich bekomme jeden Tag meine Aufgaben per E-Mail. Wenn ich Fragen habe, kann ich sie mit meinem Lehrer besprechen. Früher hörten die Schüler den Lehrer im Radio. Heute benutzen wir den Computer und das Internet. Manchmal treffen sich Schüler zu Sportveranstaltungen. Unsere „School of the Air" ist nur für Schüler von 4 bis 13 Jahren. Ältere Schüler besuchen ein Internat. Erzähl mal: Wie läuft die Schule bei dir in Deutschland? Wie lang ist dein Schulweg? Was machst du am liebsten?

Greetings from Australia
Marvin

Aufgaben ⇢ S. 16

*Outback: Landesinnere von Australien, das nur wenig besiedelt ist

In der neuen Klasse

Nun ist Robert schon drei Wochen in der neuen Klasse. Aber Freunde hat er immer noch nicht. Manche aus seiner Klasse kann er gut leiden. Aber die haben alle schon einen Freund. Am besten gefällt ihm die Simone aus der zweiten Bank. Wenn Simone lacht, werden ihre Augen ganz schmal. Wie bei einer Eskimofrau. Simone lacht oft. Das gefällt Robert so gut an ihr. Ihm hat sie auch schon einmal zugelacht.

Aber Simone ist ausgerechnet mit Frank befreundet. Und den kann Robert überhaupt nicht leiden. Frank ist der Stärkste aus der Klasse. Das will er jeden Tag beweisen. Außerdem ist er ein Angeber. Robert kann gar nicht verstehen, was Simone an Frank findet.

In der großen Pause, als Frank gerade mit Jürgen rauft, geht Robert zu Simone. Sie steht am Zaun und isst ihr Pausenbrot. „Was meinst du, wer gewinnt?“, fragt Robert, „Frank oder Jürgen?“ „Ist mir doch egal“, sagt Simone. „Das ist dir egal?“, fragt Robert erstaunt. „Frank ist doch dein Freund. Willst du nicht, dass er gewinnt?“
„Wer sagt denn, dass Frank mein Freund ist? Außerdem kann ich Schlägereien sowieso nicht leiden.“

„Ach so“, sagt Robert. Er kramt in seiner Jackentasche und holt eine Dose mit lauter weißen Kügelchen heraus. „Das sind Pfefferminzbonbons. Probier doch mal! Sie schmecken gut“, sagt Robert.

Als Simone gerade in die Dose greifen will, kommt Frank zurück. Er schlägt von unten gegen die Dose. Alle Bonbons fliegen heraus und liegen auf dem Schulhof. „Schaut mal: ein Wunder! Es hat geschneit!“, ruft Frank. „In diesem Jahr kommt der Winter schon im September! Eine Sensation!“ Alle, die herumstehen, lachen. Sogar Simone muss unwillkürlich lachen. Dabei will sie es eigentlich gar nicht.

Robert könnte heulen vor Wut. Er steckt die leere Dose in die Tasche und geht. Er geht ganz schnell. Die anderen sollen nicht sehen, dass ihm die Tränen in die Augen steigen. „Die sind alle gemein“, murmelt Robert vor sich hin. „Ich will keinen von denen als Freund.“

Simone schaut hinter Robert her. „Jetzt ist er beleidigt“, sagt sie zu Frank. „Du bist schuld daran, und ich finde es doof von dir, dass du die Bonbons ausgeschüttet hast.“ „Du findest mich doof?“, sagt Frank drohend. „Ja!“, antwortet Simone mutig. Aber all das hat Robert nicht gehört. Er war schon weg.

Paul Maar

Aufgaben ⇢ S. 16

Jakob und der große Junge

„Man nimmt den Hut ab, wenn man grüßt!“, sagt der große Junge, reißt Jakob die Mütze vom Kopf und wirft sie auf den Boden. „Lass meine Mütze!“, ruft Jakob.

„Lass meine Mütze“, äfft der große Junge ihn nach. „Heb sie doch auf!“ Als Jakob sich bücken will, hält ihn der große Junge an den Haaren fest. „Au, das tut weh!“, ruft Jakob.

„Warum hebst du sie denn nicht auf, deine schöne Mütze?“, fragt der große Junge höhnisch. Jakob antwortet nicht. Die Tränen stehen ihm in den Augen. Er beißt die Zähne zusammen. Er wird nicht weinen. Nicht vor diesem Jungen.

Der große Junge hebt die Mütze selbst auf und hängt sie an einen Zaunpfahl. „Hol sie dir doch!“, sagt er. Aber Jakob hat sich schon umgedreht und ist weggerannt. „He, was ist mit deiner Mütze?“, ruft ihm der große Junge nach. „Komm her und hol sie!“ Jakob antwortet nicht und rennt weiter. „Warte nur, morgen krieg ich dich!“, ruft der große Junge. „Da rennst du mir nicht einfach davon! Bring morgen gleich 5 Euro mit!“

Am nächsten Tag sieht Jakob auf seinem Heimweg ein großes Mädchen und fragt, ob er mit ihr gehen kann. Dann wäre er nicht allein, wenn der große Junge auf ihn wartet.

„Mitkommen, nicht nachschleichen!“, sagt das große Mädchen.
„Dann sieht er mich aber“, sagt Jakob.
„Na und? Soll er doch“, antwortet das Mädchen. „Wir sind doch zu zweit, oder nicht?“ „Aber ...“ „Was: aber?!“, fragt sie.
„Aber du bist doch ein Mädchen!“, sagt Jakob.
„Gut beobachtet, Kleiner!“, sagt sie und geht neben ihm weiter.

Der große Junge steht hinter einer Hausecke.
„Hast du mein Geld?“, fragt er sofort. Jakob schüttelt den Kopf. „Dann kannst du was erleben!“ Der große Junge fasst nach ihm.

„He, lass den Stöpsel gefälligst in Ruhe, ja?!“, sagt das Mädchen.

„Du hältst dich da raus. Zisch ab! Das ist nichts für Mädchen“, sagt der große Junge.

„Du lässt ihn sofort los!“, sagt das Mädchen.

Der große Junge lässt von Jakob ab und wendet sich erst mal dem Mädchen zu. „Ich hab dich gewarnt!“, sagt er drohend. Dann geht alles blitzschnell. Das Mädchen packt den großen Jungen am Arm, stellt ihm gleichzeitig ein Bein, macht eine kurze Bewegung – und der große Junge überschlägt sich und sitzt verdattert auf der Straße. Er steht auf und will sich auf das Mädchen stürzen. Aber sie hat ihn schon wieder am Arm gepackt. Diesmal landet er noch schneller auf dem Boden. Und dazu auch noch in einer Pfütze. „Hast du jetzt genug, oder was?“, fragt sie. Stumm steht der große Junge auf und geht weg. Gleich darauf ist er hinter der Hausecke verschwunden.

„Wie du das gemacht hast! Dass du das kannst! Du bist vielleicht toll!“, sagt Jakob. Gemeinsam gehen sie weiter.

„Danke schön noch mal!“, sagt Jakob, als sie sich trennen.

„Danke schön noch mal!“, wiederholt sie und lacht. „Bist du vielleicht gut erzogen! Bist wohl ein echter Kavalier*, oder was! Mach’s gut! Und lass dich von dem doofen Jungen nicht unterkriegen!“

Paul Maar

Lies das Buch „Jakob und der große Junge“, wenn du wissen willst, wie es in der Geschichte weitergeht.

*Kavalier: jemand, der sehr höflich ist und sich ritterlich verhält

Aufgaben ⇢ S. 17

Leute

Kleine Leute, große Leute
gab es gestern, gibt es heute,
wird es sicher immer geben,
über, unter, hinter, neben

dir und mir und ihm und ihr:
Kleine, Große sind wie wir.
Größer als ein Großer kann
aber sein ein kleiner Mann.

Klein und groß sagt gar nichts aus,
sondern nur, was einer draus
für sich selbst und alle macht.
Darum habe darauf acht:

Wer den andern hilft und stützt
und sich nicht nur selber nützt,
hat das richtige Format –
ob ein Zwerg er oder grad

lang wie eine Latte ist
oder einen Meter misst.
Kleine Leute, große Leute
gab es gestern, gibt es heute.

Günter Kunert

• Mit Büchern Brücken bauen

Bookbridge (Bücherbrücke) ist eine Hilfsaktion mit einer einfachen Idee: In der Mongolei gibt es im Englischunterricht oft keine Bücher. Deshalb sammelt Bookbridge gebrauchte englische Bücher und schickt sie in die Mongolei. Auch eure Klasse kann bei der Spendenaktion mitmachen. Die Kontaktadresse erfahrt ihr beim Verlag. Die Kinder in der Mongolei freuen sich bestimmt über eure Bücher.

•• Mit Büchern Brücken bauen

Bookbridge (Bücherbrücke) ist eine Hilfsaktion mit einer einfachen Idee: Sie bringt gebrauchte englische Bücher zu Kindern in armen Ländern, die keine Bücher haben. Wie kam es dazu? Vor einigen Jahren reiste eine Pfadfindergruppe in die Mongolei und lernte das Land kennen. Dort wohnen die Kinder traditionell in Nomadenzelten auf dem Land. Um in die Schule gehen zu können, müssen viele Kinder zu Verwandten in die Stadt ziehen. Der Englischunterricht wird oft ohne Bücher durchgeführt. Um den Kindern eine bessere Ausbildung zu ermöglichen, sammelt Bookbridge bei uns Bücher und schickt sie in die Mongolei. Auch ihr könnt bei der Spendenaktion mitmachen: Die Kontaktadresse erfahrt ihr beim Verlag. Die Kinder in der Mongolei freuen sich bestimmt über eure Bücher.

••• Mit Büchern Brücken bauen

Bookbridge (Bücherbrücke) ist eine Hilfsaktion mit einer einfachen Idee: Gebrauchte englische Bücher sollen nicht im Bücherregal verstauben. Bookbridge bringt sie zu Kindern in armen Ländern, die keine Bücher haben. Wie kam es dazu?

Vor einigen Jahren reiste eine Pfadfindergruppe in die Mongolei. Zusammen mit mongolischen Pfadfindern lernte sie das Land kennen. Viele mongolische Kinder leben in Nomadenzelten auf dem Land. Sie müssen oft 200 Kilometer mit dem Pferd zurücklegen, um die Schule in der nächsten Stadt zu besuchen, und wohnen daher monatelang bei Verwandten in der Stadt. Oft gibt es keine Bücher für den Englischunterricht. Deshalb sprechen viele Mongolen schlecht Englisch und haben Probleme, einen guten Beruf zu finden oder im Ausland zu studieren. Aus diesem Grund sammelt Bookbridge bei uns Englischbücher und schickt sie in die Mongolei.

Ihr könnt mitmachen – schon mit der Spende eines einzigen Buches! Schaut nach, ob ihr einfache englische Kinder-, Bilder-, Jugend- oder Sachbücher habt, die in der Mongolei gebraucht werden. Jedes Jahr, von Mai bis Juni, organisiert Bookbridge eine große Spendenaktion. Die Kontaktadresse könnt ihr beim Verlag erfahren. Die Kinder in der Mongolei freuen sich bestimmt über eure Bücherspende. Wer sich genauer über die Arbeit von Bookbridge informieren will, kann Fotos und Videos erhalten.

Stelle dir folgende Fragen und schreibe in dein Lerntagebuch:

- Wie schätze ich mich beim Lesen ein? Male ☺ 😐 ☹.
- Welchen Text konnte ich flüssig lesen? Wem lese ich den Text vor?
- Welchen Text habe ich gut verstanden? Worum geht es darin?
- Welche schwierigen Wörter oder Textstellen möchte ich noch üben?

Du kannst dein Lerntagebuch ⇢ S. 197 für deine Lernerfahrungen nutzen.

Schule ist unsere Welt, S. 6/7

Lesetipp 1 – Genaues Lesen (siehe auch ⇢ S. 190)
Lies nicht zu schnell. Stelle dir nach jedem Satz vor, was geschieht. Frage nach, wenn du etwas nicht verstehst. Du kannst dich auch in Büchern oder im Internet informieren.

1. Schreibe die Wörter auf, die du nicht verstehst. Frage nach oder informiere dich im Lexikon oder Internet.
2. Sucht die Schulorte auf einer Karte oder einem Globus. Kennt ihr die Namen der Kontinente?
3. Schreibt die Informationen der Kinder in eine Tabelle und vergleicht.

	Justine	Massaikinder	Marvin	ich
Dauer des Unterrichts				
Lernmittel der Kinder				
Schulweg				

In der neuen Klasse, S. 8/9

1. Lies den Text zuerst leise. Frage nach, wenn du etwas nicht verstehst.
2. Lest den Text laut mit verteilten Rollen. Achtet dabei auf eure Stimme und bringt die Gefühle der Personen zum Ausdruck (siehe auch „Texte vorlesen“ ⇢ S. 202).
3. Wie fühlt sich Robert? Was denkt Simone? Warum fühlt sich Robert auch von Simone nicht verstanden? Schreibt kurze Antwortsätze.
4. Hast du dich schon einmal wie Robert gefühlt? Erzähle.
5. Wie soll ein Gespräch sein, damit sich jeder in der Klasse wohlfühlt? Formuliert gemeinsam Regeln für ein gutes Miteinander in der Klasse.

Jakob und der große Junge, S. 10–12

1. Wie verhält sich der große Junge? Wie ergeht es Jakob? Erzählt.
2. Was meinst du: Wendet das Mädchen auch Gewalt an? Findest du in Ordnung, wie sie reagiert hat? Sprecht in der Klasse darüber. Achtet darauf, euch gegenseitig ausreden zu lassen.
3. Auch die Fabel „Der Elefant und die Maus“ handelt von einem Starken und einem Schwachen. Vergleicht die Fabel mit dem Text „Jakob und der große Junge“. Was ist gleich, was ist anders? Was kann man aus beiden Texten lernen? Schreibt Stichwörter.

Fachwörter wie „Fabel“ findest du im Lesebuch ⇢ S. 206/207 erklärt.

Der Elefant und die Maus

Ein Elefant traf eine Maus und sprach: „Ich bin viel stärker und klüger als du. Wage es nicht, mich beim Mittagsschlaf zu stören.“ Dann legte er sich in den Schatten eines Baumes und schlief ein. Die pfiffige Maus wollte dem Großmaul eine Lehre erteilen und kroch in den Rüssel des Elefanten. Der Elefant bekam keine Luft mehr und glaubte zu ersticken. Da kroch die Maus wieder heraus und sagte zum Elefanten: „Jetzt weißt du, wer stärker und klüger ist.“

Leute, S. 13

Tipp 2

Lesetipp 2 – Gedichte laut lesen (siehe auch ⇢ S. 190)
Lies jedes Gedicht laut. Erst dann bemerkst du deutlich, wie es klingt und was es sagen will. Du kannst selbst weitere Strophen schreiben.

1. Lest das Gedicht zu zweit und wechselt euch bei jeder Zeile ab. Beim Komma macht ihr eine kleine, beim Punkt eine längere Pause. Dann kann man die Sätze gut verstehen.
2. a) Lies noch einmal die vierte Strophe. Worauf kommt es an?
   b) Tausche dich mit einem Partner aus. Schreibt Stichwörter.
   c) Tragt eure Vorschläge in der Klasse vor.

Bauernregeln zum Wetter

Bauernregeln sind alt und sprechen von Erfahrungen, die man in langer Zeit mit dem Wetter an bestimmten Tagen, in bestimmten Monaten und zu bestimmten Jahreszeiten gemacht hat. Treffen sie zu? Mal mehr, mal weniger – mal hier, mal dort.

*Lumpazi: scherzhafte Bezeichnung für Bösewichte, Übeltäter, Gauner

Aufgaben → S. 30

Das Wasser

Vom Himmel fällt der Regen
und macht die Erde nass,
die Steine auf den Wegen,
die Blumen und das Gras.

Die Sonne macht die Runde
in altgewohntem Lauf
und saugt mit ihrem Munde
das Wasser wieder auf.

Das Wasser steigt zum Himmel
und wallt dort hin und her,
da gibt es ein Gewimmel
von Wolken, grau und schwer.

Die Wolken werden nasser
und brechen auseinand',
und wieder fällt das Wasser
als Regen auf das Land.

Der Regen fällt ins Freie,
und wieder saugt das Licht,
die Wolke wächst aufs Neue,
bis dass sie wieder bricht.

So geht des Wassers Weise:
es fällt, es steigt, es sinkt
in ewig gleichem Kreise,
und alles, alles trinkt!

James Krüss

Aufgaben → S. 30

Heiliges Wasser

Große Weltreligionen sind in Wüstengebieten entstanden, Wasser ist lebensnotwendig. Deshalb ist Wasser in vielen Religionen besonders wichtig und bedeutsam. Es ist ein Zeichen für Reinheit, Ewigkeit, Lebensquelle, Segen, Heilung und Fruchtbarkeit. Hier soll näher erklärt werden, welche Bedeutung das Wasser im Judentum und Christentum, im Islam, im Hinduismus und Buddhismus hat.

Das Wasser im Judentum

In vielen Synagogen (jüdischen Gebetshäusern) gibt es einen Baderaum. Zum Baden wird frisches Grundwasser oder Regenwasser verwendet. Männer und Frauen baden getrennt. Sie tauchen in das Wasser ein und reinigen sich aus verschiedenen religiösen Gründen, z.B. vor der Hochzeit. Im Baderaum wird gern miteinander geredet – nach dem Bad gehört man wieder gereinigt zur Gemeinde. Dieser Brauch wurde Vorbild für die christliche Taufe.

Das Wasser im Christentum

Als Zeichen dafür, dass ein Kind in die Gemeinschaft der Christen aufgenommen ist, wird es meist schon als Baby getauft. Dabei wird ihm Wasser über die Stirn gegossen. Die Eltern des Taufkindes suchen im Familien- oder Freundeskreis zwei Taufpaten aus. Sie tragen das Kind zur Taufe und zeigen damit, dass sie sich in Zukunft zusammen mit den Eltern um das Kind kümmern wollen.

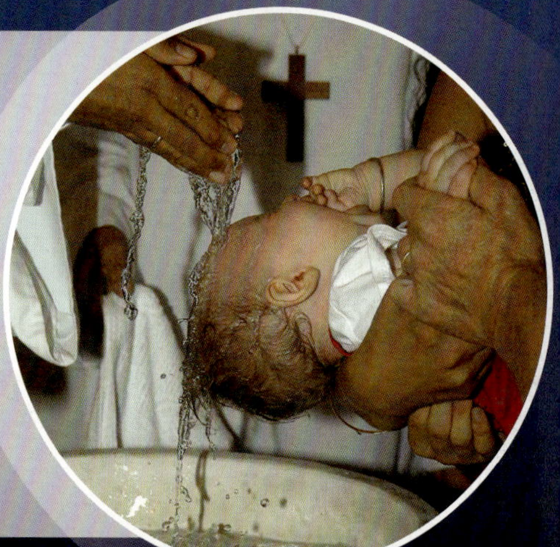

Das Wasser im Islam

Muslime waschen sich vor jedem Gottesdienst nach bestimmten Regeln, um für das Gebet bereit zu sein. Vorgeschrieben ist, dass Hände, Gesicht und Arme bis zu den Ellenbogen und die Füße bis zu den Knöcheln gewaschen werden. Mit feuchten Händen streicht man sich über den Kopf. Für diese Waschungen gibt es in jeder Moschee (muslimisches Gebetshaus) Brunnen mit fließendem Wasser.

Das Wasser im Hinduismus

Wasser gilt im Hinduismus als Quelle des Lebens. Durch das Wasser gelangen die Seelen der Menschen zum Ort des ewigen Lebens. Durch das Bad an heiligen Stätten oder in heiligen Flüssen wie dem Ganges werden die Hindus von allem Bösen gereinigt.

Das Wasser im Buddhismus

Wasser zählt im Buddhismus neben Feuer, Erde und Luft zu den vier großen Elementen. Wasser spielt bei religiösen Festen eine große Rolle, vor allem beim Neujahrsfest. Dabei wird Wasser aus Kübeln und anderen Gefäßen auf die Menschen geschüttet, verbunden mit guten Neujahrswünschen.

Aufgaben → S. 31

Hilfe! Wir versinken im Meer!

Wenn Sam Pech hat, dann fällt in diesem Herbst die Schule aus. Und im Winter auch. Eigentlich klingt das toll: monatelang schulfrei! Aber für Sam, seinen Freund Jared und für alle anderen Kinder aus dem Dorf wäre das eine schlechte Nachricht. Denn wenn das Schulhaus nicht mehr sicher ist, wird es auch das Dorf nicht mehr lange geben. Immer näher dringt das Meer heran, der Strand wird immer schmaler. Wann werden die Menschen den Ort verlassen müssen?

Sam ist ein Eskimojunge, elf Jahre alt, er lebt im kleinen **Dorf Kivalina** im Norden von **Alaska**. Das Dorf liegt auf einer sehr schmalen Insel. Die meisten Eskimos von Kivalina leben fast genauso wie ihre Eltern und Großeltern: Sie besorgen sich ihr Essen selber. Sie jagen Robben, fangen Fische oder halten Rentiere. Manchmal begleitet Sam seinen Vater auf die Jagd.

Der **eisige Winter** dauert hier neun Monate. Das Meer rings um die Insel ist dann fest zugefroren. Sam hat ein eigenes Schneemobil, es ist eine Mischung zwischen Motorrad und Schlitten. Damit kurvt er mit seinem Freund Jared durchs Dorf. Die Kinder tragen dicke Pelzkragen und Schuhe aus warmem Robbenfell gegen die Kälte.

Im **kurzen Sommer** wird es selten wärmer als zehn Grad, dann spielen die Kinder bereits im T-Shirt draußen. Sam und Jared klettern gern auf dem neuen Deich herum. Er wurde letztes Jahr aus dicken Steinbrocken am Strand vor dem Dorf aufgebaut. Das war nötig, denn der alte Deich aus großen Sandsäcken fiel beim ersten starken Herbststurm einfach um.

Im Herbst friert das Meer rund um die Insel allmählich wieder zu. Aber seit ein paar Jahren gefriert es erst später. Das kommt von der **Erderwärmung**. Immer mehr Kohle, Gas und Erdöl wird gebraucht und verbrannt: in Fabriken, in Haushalten, im Verkehr. Dadurch ist die Luft und sind die Meere der Erde wärmer geworden. Es sind zwar nur ein oder zwei Grad – bei uns merkt man es kaum –, aber das Meer um

Vor dem Lesen ⇢ Lesetipp 3, S. 191

Kivalina ist noch nicht zugefroren, wenn die **Herbststürme** beginnen. Die Winde fegen nun nicht mehr wie früher über das vereiste Meer hinweg, sondern sie peitschen das Wasser zu starken Wellen auf. Die schlagen an den Strand und spülen den Sand ins Meer. So wird die Insel immer kleiner. Das Meer ist schon sehr nahe bei den Häusern von Kivalina. Jetzt soll der **neue Deich** aus großen Steinbrocken das Dorf schützen.

Vielleicht haben Sam und Jared Glück und der neue Deich bleibt stehen – dann können sie auch diesen Herbst wieder in ihre Schule gehen.

Die Einwohner von Kivalina wissen aber, dass sie mit ihrem Deich das Meer nicht anhalten können. Irgendwann werden sie umziehen müssen, an einen sicheren Ort.

Nach der Reportage von Ansbert Kneip

Aufgaben → S. 31

Klimawandel

Wenn die Erde immer wärmer wird, kann das schlimme Folgen haben. Das Eis am Nordpol und am Südpol könnte abschmelzen und der Meeresspiegel steigen. Flache Inseln und Küstengebiete würden überschwemmt. Die Wüstengebiete breiten sich aus. Der Lebensraum vieler Menschen ist bedroht.

Die natürlichen Treibhausgase

Die Sonne schickt uns täglich Licht und Wärme. Gase in der Atmosphäre verhindern, dass die Wärme verloren geht – wie die Folie auf einem Gewächshaus.

Ohne diese Schutzhülle wäre unsere Erde sehr kalt, vollständig mit Eis bedeckt und unbewohnbar. Der Hauptanteil dieser schützenden Gashülle ist das CO_2 (Kohlendioxid). Es entsteht auf natürliche Weise durch Waldbrände, Steppenfeuer und Vulkanausbrüche.

Die technischen Treibhausgase

Seit etwa 100 Jahren verbrennen die Menschen immer größere Mengen von Kohle, Heizöl und Erdgas. Fabriken, Wohnhäuser und Autos erzeugen große Mengen von CO_2. Die Abgase steigen in die Atmosphäre auf. Die natürliche Schutzhülle wird verstärkt – die Erde wird wärmer.

Für Menschen und Tiere ist das nicht gut: Wüsten breiten sich aus, das Eis der Polkappen* schmilzt.

*Polkappen: Eisschichten, welche die Pole der Erde bedecken

Wie wir zum Klimaschutz beitragen können:

Sonntagsausflug zu Fuß oder mit dem Fahrrad statt mit dem Auto

Statt mit dem Auto der Eltern zu Fuß, mit dem Schulbus oder dem Fahrrad zur Schule

Fernseher und Audioanlage nicht auf Stand-by* belassen

Energiesparlampen oder besser noch LED-Lampen statt Glühbirnen verwenden

Ferienreisen mit der Bahn statt mit dem Flugzeug

Eigene Trinkflasche statt Trinkpacks, Wegwerfflaschen und Dosen

Licht bei längerem Verlassen des Zimmers löschen

Pausenbrot in Dose statt in Alufolie

Weniger Fleisch und Wurst – mehr Gemüse essen

Aufgaben → S. 32

*Stand-by: englisch für „Sich-Bereithalten"

Geschichte vom Wind

Am Abend spielte ein Hauch
um Wange, Blume und Strauch.
Da war der Wind
noch ein Kind.
Aber dann
in der Nacht
wurde aus dem Kind ein Mann.
Der zeigt, was er kann.
Der weiß, wie man's macht,
dass alles rasselt und prasselt und kracht,
dass jeder erwacht!

Die Linden in der Allee
ächzen: „O weh,
wir werden gestohlen!
Haben wir Zweige, haben wir Flügel?
Bald sausen wir über Stadt und Hügel
als grüne Dohlen!"

Hei! Mit Hi-, Hu-, Ha-, Heulen
rast der Wind um den Turm.
Aus dem Schallloch gucken drei Eulen.
„Fliegen wir aus bei diesem Sturm?
Nein, das kann nichts taugen!"
Und sie schauen einander an
mit großen Augen.

Auf der Kirchturmspitze der Wetterhahn
dreht sich kreischend im Kreis:
„Das ist der schönste Sturm, den ich weiß.
Bald ist's kein Sturm mehr, bald ist's ein Orkan!"
Drei Stunden tobte der Sturm.
Er warf Autos um wie ein Riese.

Doch am Morgen spielte der Wind wieder sanft
wie das Lämmlein auf der Wiese.
Ein Seemann sprach:
„Es weht eine leichte Brise."

Josef Guggenmos

Aufgaben → S. 32

Der fliegende Robert

Wenn der Regen niederbraust,
wenn der Sturm das Feld durchsaust,
bleiben Mädchen oder Buben
hübsch daheim in ihren Stuben. –
Robert aber dachte: „Nein!
Das muss draußen herrlich sein!“ –
Und im Felde patschet er
mit dem Regenschirm umher.

Hui, wie pfeift der Sturm und keucht,
dass der Baum sich niederbeugt!
Seht! Den Schirm erfasst der Wind
und der Robert fliegt geschwind
durch die Luft so hoch, so weit;
niemand hört ihn, wenn er schreit.
An die Wolken stößt er schon,
und der Hut fliegt auch davon.

Schirm und Robert fliegen dort
durch die Wolken immerfort.
Und der Hut fliegt weit voran,
stößt zuletzt am Himmel an.
Wo der Wind sie hingetragen,
ja, das weiß kein Mensch zu sagen.

aus „Der Struwwelpeter“
Heinrich Hoffmann

Aufgaben → S. 33

• Unwetter richtet großen Schaden an

Ein Wirbelsturm hat in Dramfeld viele Dächer abgedeckt. Dicke Baumstämme knickten um. Stühle und Tische wirbelten durch die Luft. Ein Auto am Straßenrand wurde beschädigt. Die Feuerwehr räumte in den Straßen auf. Ein Fußballspiel musste unterbrochen werden. Verletzt wurde niemand. Der Verkehr auf der Hauptstraße wurde umgeleitet. Die Dächer wurden sofort repariert.

•• Unwetter in Dramfeld verursacht schweren Schaden

Am Sonntag hat in Dramfeld ein Wirbelsturm 32 Dächer abgedeckt. Dicke Bäume knickten wie Streichhölzer um. Ein Auto am Straßenrand wurde schwer beschädigt. Mehrere Feuerwehrleute waren im Einsatz. Sie räumten die Straßen und Gehwege frei. Augenzeugen berichten, dass der Sturm Stühle und andere Gegenstände durch die Luft wirbelte. Ein Fußballspiel auf dem Dramfelder Sportplatz musste unterbrochen werden. Verletzt wurde niemand. Der Wirbelsturm zog einen breiten Streifen der Zerstörung durch das ganze Dorf. Später wurde der Verkehr auf der Hauptstraße mit einer Ampelanlage geregelt. Dachdecker begannen sofort, die Dachziegel zu ersetzen.

••• Wirbelsturm in Dramfeld: 32 Dächer abgedeckt

Ein schwerer Sturm hat am Sonntagnachmittag den Ort Dramfeld (Landkreis Göttingen) getroffen. Mindestens 32 Dächer wurden gegen 15.30 Uhr durch einen Wirbelsturm abgedeckt.

Dicke Baumstämme knickten wie Streichhölzer um. Ein am Straßenrand geparktes Auto wurde demoliert. Die Feuerwehr von Dramfeld und den Nachbargemeinden unterstützte die Bewohner bei den Aufräumungsarbeiten. Sie reinigte die Straßen von zertrümmerten Dachziegeln und umgestürzten Bäumen. Augenzeugen berichten, dass der Wirbelsturm Gegenstände bis zu 100 Meter in die Höhe schleuderte. Stühle, Tische und andere Dinge lagen wild herum. Ein Fußballspiel auf dem Sportplatz wurde unterbrochen. Verletzt wurde hier nach ersten Erkenntnissen niemand. „Die Schneise der Zerstörung ging durch den ganzen Ort“, so der Einsatzleiter der Feuerwehr. „Die Schadenshöhe beträgt mindestens 500 000 Euro. So etwas habe ich in meiner Laufbahn noch nicht erlebt.“

Später wurde eine Ampelanlage in der Hauptstraße aufgebaut, um den Verkehr eingleisig durch die Trümmer zu leiten. Bewohner der leicht beschädigten Häuser begannen, ihre Dächer selbst zu reparieren. Auch viele Dachdecker sind im Einsatz. Der Rentner Herbert Müller hat das Unwetter vom Fenster aus beobachtet: „Anfangs war es ganz normaler Wind. Doch dann wurde es immer schlimmer.“

Stelle dir folgende Fragen und schreibe in dein Lerntagebuch:
- Wie schätze ich mich beim Lesen ein? Male ☺ 😐 ☹.
- Welchen Text konnte ich flüssig lesen? Wem lese ich den Text vor?
- Welchen Text habe ich gut verstanden? Worum geht es darin?
- Welche schwierigen Wörter oder Textstellen möchte ich noch üben?

Lerntagebuch ⇢ S. 197
Lesen trainieren ⇢ S. 203

Du kannst dein Lerntagebuch ⇢ S. 197 für deine Lernerfahrungen nutzen.

Bauernregeln zum Wetter, S. 18

1. Erklärt euch gegenseitig drei Bauernregeln.
   Beispiel:

Bauernregel	Erklärung
Wenn Spinnen in die Häuser kriechen, sie einen kalten Winter riechen.	Wenn viele Spinnen im Herbst in die Wohnung kommen, gibt es einen kalten Winter. Spinnen suchen die Wärme im Haus.

2. Zu welcher Bauernregel im Lesebuch passen diese Regeln?
   - Mücken, die im Februar summen, gar oft lange Zeit verstummen.
   - Wenn die Katz im Februar in der Sonne liegt, muss sie im März wieder hinter den Ofen.

3. a) Erkläre die „Eisheiligen“. Informiere dich im Lesebuch „ABC der Tiere“ Klasse 2, im Lexikon oder im Internet.
   b) Tausche dich mit einem Partner aus. Schreibt Stichwörter.
   c) Haltet einen kurzen Vortrag vor der Klasse.

Das Wasser, S. 19

Dieses Gedicht kannst du leicht auswendig lernen.

1. Finde für jede Strophe den passenden Teil des Bildes. Stelle dir genau vor, was geschieht (Lesetipp 1 ⇢ S. 190).
2. Lerne das Gedicht auswendig. Lesetipp 8 ⇢ S. 195 hilft dir.
3. Übe den Vortrag: Suche zu Hause einen Zuhörer. Schaue ihn beim Sprechen an. Pass auf: Oft ist der Satz am Zeilenende nicht zu Ende. Dann musst du ohne Pause weitersprechen.
4. Trage das Gedicht in der Klasse vor.
5. Haben dir die Lesetipps geholfen? Welcher war am hilfreichsten? Welchen anderen Tipp kannst du noch geben? Tauscht euch aus.

Heiliges Wasser, S. 20/21

1. Lies den Text Zeile 1–8.
   Welche Bedeutung hat Wasser in den Weltreligionen?

2. Bildet 5er-Gruppen und verteilt die Texte. Jeder beschreibt die religiöse Handlung mit dem Wasser von einer der Weltreligionen.

3. Woran könnt ihr erkennen, dass der Text informiert? Wie nennt man einen solchen Text? Das Fachwörter-Lexikon ⇢ S. 206/207 hilft weiter.

Hilfe! Wir versinken im Meer!, S. 22/23

Tipp 3

Lesetipp 3 – Stichwörter notieren (siehe auch ⇢ S. 191)
Lies den Text erst einmal ganz durch. Wenn du etwas nicht verstehst, frage danach. Schreibe erst beim zweiten Lesen Stichwörter untereinander auf. Denke dabei an die Fragen:
Was geschieht, **wer** macht **was**, **wann**, **wo**, **wie** und **warum**?

1. Lies den Text. Beachte die fett gedruckten Wörter.
   Lesetipp 7 ⇢ S. 194 kann dir helfen.

2. Wo liegt das Dorf Kivalina? Informiere dich im Internet.

3. Bildet Gruppen. Jede Gruppe bearbeitet einen Abschnitt:
   Zeile 1–21 / Zeile 22–38 / Zeile 39–59.
   Schreibt Stichwörter und informiert die Klasse (Lesetipp 3).

4. Wie sieht die Zukunft von Sam und den Dorfbewohnern aus?
   Besprecht die Möglichkeiten in der Klasse.

Klimawandel, S. 24/25

1

2

1. Lies den Text. Erkläre am Schaubild 1 die Wirkung der natürlichen Treibhausgase.
2. Welche Auswirkungen haben die vom Menschen gemachten technischen Treibhausgase (Schaubild 2)?
3. Wie willst du zum Klimaschutz beitragen? Beachte die Fotos auf S. 25 und überlege, was du noch alles tun kannst. Schreibe Stichwörter. Tauscht euch aus.
4. Suche in Zeitungen und Zeitschriften sowie im Internet nach weiteren Texten zum „Klimawandel“ und stelle sie in der Klasse vor.

Geschichte vom Wind, S. 26

Arbeite mit einem Partner. Dafür schlägt einer das Gedicht auf und der andere diese Aufgabenseite.

1. Notiert im Heft, welche Zeilen zu den Abschnitten gehören:
   a) Der Wind als Kind
   b) Der Wind wird ein Mann
   c) Die Linden ächzen
   d) Der Wind und die Eulen
   e) Der Wetterhahn
   f) Der Wind als Riese
   g) Der Wind als Lämmlein
   h) Ein Seemann spricht
   Sprecht abwechselnd die Abschnitte ausdrucksvoll.

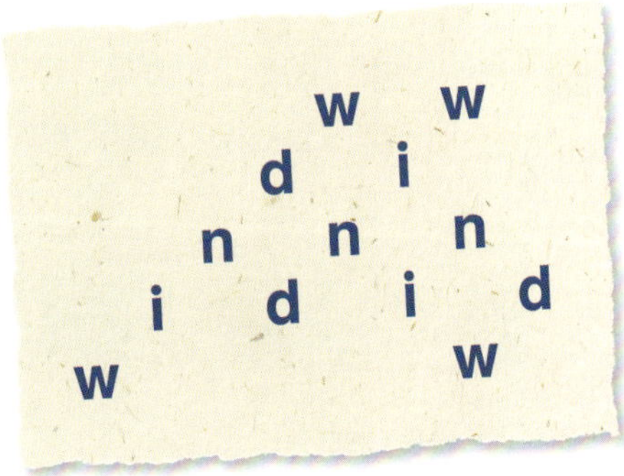

2. Gestalte ein eigenes Wind-Bild aus Buchstaben.
3. Erfindet eine Geräuschgeschichte zum Anwachsen und Abflauen des Windes. Tipp: Benutzt Instrumente, Sprachlaute, Papier und Folien.
4. Kombiniert den Gedichtvortrag mit Abschnitten der Geräuschgeschichte. Ihr findet Beispiele im Internet.

Der fliegende Robert, S. 27

1. Male die „Geschichte vom fliegenden Robert“ als fantastische Comic-Geschichte weiter. Wohin könnte der Wind ihn getragen haben?

Robert geht bei Wind und Wetter spazieren.

Da wird sein Regenschirm von einer Windbö erfasst.

Er fliegt hinauf in die Wolken und weiter …

2. Wetter-Massage, ein Partnerspiel

Sprechtext	Massage-Anweisung
„Die Sonne scheint dir warm auf deinen Rücken.“	*Lege die Hände flach auf den Rücken des Partners, deine Wärme geht auf ihn über.*
„Ein leichter Wind kommt auf.“	*Die Hände streichen zart und langsam über Rücken und Schultern.*
„Der Wind frischt auf und treibt Wolken heran!“	*Deine Bewegungen werden schneller und stärker.*
„Es beginnt zu blitzen …“	*Du zeichnest mit einem Finger Blitze auf den Rücken.*
„… und zu donnern.“	*Mit der Handkante sanft klopfen.*
„Der Regen prasselt herab.“	*Mit den Fingerspitzen trommeln.*
„Der Wind treibt die Wolken auseinander.“	*Die Hände streichen vom Rückgrat nach außen.*
„Der Regen hört auf.“	*Nur noch langsam mit einzelnen Fingern klopfen.*
„Die Sonne kommt wieder hervor und wärmt dich wieder auf.“	*Streichle mit flachen Händen fest und immer langsamer werdend über den Rücken und die Schultern.*
„Ein Regenbogen ist zu sehen.“	*Du nimmst den Partner in die Arme.*

Ich bin glücklich

Manchmal
darf ich länger aufbleiben
und im Fernsehen
den Krimi angucken.
Manchmal
bleibt der Kasten dunkel.
Und wir reden zusammen,
meine Eltern und ich.
Manchmal
schreibe ich eine Sechs
oder Fünf
in Mathematik.
„Junge, Junge!“,
sagt mein Vater.
Und meine Mutter fragt:
„Was soll ich bloß machen?“
„Du?“, sage ich. „Gar nichts!
Ich muss ja rechnen.“
„Schlau bist du“,
sagt meine Mutter
und lacht.
Und ich überlege,
ob ich mich anstrengen soll.
Beim nächsten Mal.
Vielleicht eine Vier schreiben,
oder Drei? Mal sehen!
Ich bin glücklich.

Lisa-Marie Blum

Kleine Sympathiegedichte

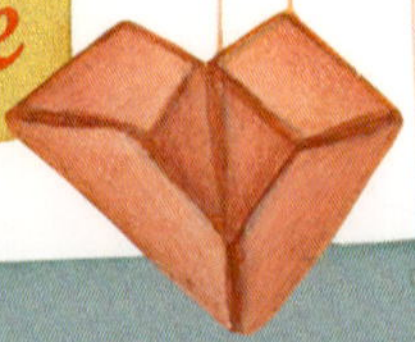

weil Anna Murmelaugen hat

ich möchte neben Anna sitzen
und würde ihr immer die Stifte spitzen
aber sie bricht keinen ab
was für ein Pech ich hab!

ich will eine Laubhütte baun
ein Feuer machen und jagen
und steht sie morgen hinterm Zaun
werd ich sie fragen

Walther Petri

Ich freue mich, wenn ich dich seh,
ich finde dich so nett,
ich schenke dir mein H und E
mein R und auch mein Z.

Frantz Wittkamp

So schau mich an, schau zu mir her!
Sei wieder nett! Ich bitt' dich sehr!
Sonst flieg ich fort. Weit übers Meer.
Du siehst mich nie und nimmermehr.

Elisabeth Borchers

Aufgaben ⇢ S. 48

Der Sprung ins Wasser

Langsam steigt Eva die letzten Sprossen zum Dreimeterbrett hinauf. Der letzte Schritt ist der schwerste. Eva klammert sich an die beiden Haltebügel und bleibt stehen. Sie schaut vorsichtig hinunter auf das Wasserbecken unter sich. Eva hat große Angst vor Wasser, es ist ihr unheimlich.

„Schaffst du's heute noch?", ruft Stefanie. „Oder willst du da oben übernachten?" „Wir können doch nicht ewig hier warten", ruft Frau Vogt ungeduldig. „Dann lass es eben und komm wieder runter!" Eva dreht den Kopf zur Seite und schaut hinter sich auf die Sprossen. Jetzt wieder zurück? Sie bewegt sich nicht. „Mein Gott, die schafft es auch nicht, einfach wieder runterzukommen", stöhnt Jana genervt. „Pass auf, am Ende müssen wir sie mit einem Kran runterholen", sagt Jessica, sie ist Evas beste Freundin.

Eva geht ein winziges Schrittchen nach vorne. Sogar Kathrin hat sich getraut, denkt Eva. Kathrin ist gesprungen. Sie ist die Unsportlichste in der Klasse und wird von den anderen oft gehänselt, auch von Eva. Eva geht mit klopfendem Herzen langsam weiter nach vorne. Das Brett schwankt. Eva zittert vor Kälte und Angst.

Jetzt sterbe ich, denkt Eva und geht den letzten Schritt ins Leere. Einen kurzen Moment fällt sie, dann taucht sie hart ins lauwarme Wasser, das über ihr zusammenschlägt. Eva strampelt mit den Beinen und rudert mit den Armen. Prustend taucht sie wieder auf und hustet. – Aber sie hat es geschafft. Sie schwimmt an den Beckenrand. Keiner hilft ihr hinaus.

Eva geht einfach an allen vorbei zum Duschraum. Die Stunde ist sowieso zu Ende. „Was ist denn los?“, will Jessica dann wissen. „Sei doch nicht gleich so eingeschnappt.“ Eva antwortet nicht. Sie will alleine sein.

Doch als sie aus dem Umkleideraum kommt, wartet Kathrin auf sie. „Das war schrecklich, was?“, fragt sie. Eva nickt. Obwohl sie es heute geschafft hat, weiß sie genau, dass sie das nächste Mal wieder solche Angst haben wird. Stumm gehen die beiden in Richtung Schule.
Alle anderen sind schon vorausgelaufen, Eva kann das fröhliche Lachen von Jana und Stefanie hören.
„Du“, sagt Kathrin zögernd. „Mhm“, erwidert Eva. „Hast du vielleicht Lust, heute mit mir ein Eis essen zu gehen?“ „O.K.“, sagt Eva. Sie guckt Kathrin von der Seite an. „Es tut mir leid, dass ich in Sport manchmal so eklig zu dir war.“ „Ist schon in Ordnung“, sagt Kathrin.

„Ich kann dich mal mit zum Reitverein nehmen und dir das Reiten beibringen“, schlägt Eva vor. „Ich hab Angst vor Pferden“, sagt Kathrin. „Die sind so groß.“ „Du kannst ja auch auf einem Pony anfangen“, schlägt Eva vor. „Na gut“, sagt Kathrin. Sie grinst Eva an. „Dann bring ich dir bei, in große Pfützen zu hüpfen.“ Die beiden lachen und gehen zusammen ins Schulhaus.

Anne Maar

Aufgaben ⇢ S. 49

Die Neuen

Frau Klobe, die Klassenlehrerin, brachte zwei Neue mit, einen dunkelhaarigen Jungen und ein Mädchen. Die beiden blieben vorne neben Frau Klobe stehen und blickten verlegen auf den Boden.

„Das ist Arslan“, sagte sie. „Und das ist Hamide. Sie sind Geschwister.“ Neben Lippel war noch Platz. Während die beiden sich zu ihm setzten, meldete sich Elvira und fragte neugierig: „Frau Klobe, sind das Ausländer?“

„Sie sind Türken. Arslan ist in der Türkei zur Welt gekommen. Hamide ist hier geboren, wie ihr auch“, sagte Frau Klobe. „Sind das Zwillinge?“, fragte Ulli.

„Wie kann das denn sein, wenn er in der Türkei geboren ist, sie aber hier! Nein, Arslan ist ein Jahr älter.“ „Warum geht er dann in dieselbe Klasse?“ „Arslan spricht nicht so gut Deutsch wie Hamide“, sagte Frau Klobe. „Warum spricht er nicht so gut, wenn er doch älter ist?“, wollte Barbara wissen. „Er ist erst vor einem Jahr aus der Türkei gekommen“, erklärte ihr Frau Klobe geduldig.

„Wenn ihr noch mehr Fragen habt, dann fragt sie doch selbst. Aber nicht jetzt. In der Pause!“ Sie fing mit dem Unterricht an und die anderen hörten auf zu fragen.

Lippel ist interessiert

Lippel schaute sich seinen neuen Nachbarn von der Seite an. „Verstehst du Deutsch?“, fragte er flüsternd. Arslan nickte.

„Warum sagst du nichts?!“, fragte Lippel weiter. Arslan kramte in seiner Büchertasche und tat so, als hätte er die Frage nicht gehört. „Warum kommt ihr erst jetzt in die Klasse? Mitten im Schuljahr!“, flüsterte Lippel.

Es war Hamide, die antwortete. „Unser Vater ist umgezogen. Wegen der Arbeit“, flüsterte sie. „Da haben wir auch umziehen müssen.“

„Wir kommen von Sindelfingen", flüsterte Hamide weiter. „Sindelfingen?", fragte Lippel. „Ja, ist bei Böblingen." Und da sie merkte, dass dies auf Lippel keinen besonderen Eindruck machte, sagte sie erklärend: „Ist sehr schön dort!" „Ach so", sagte Lippel und nickte. Obwohl er weder wusste, wo Sindelfingen noch wo Böblingen lag.

Hamide beugte sich nach vorne, um Lippel sehen zu können, da ja Arslan zwischen ihr und Lippel saß, und fragte: „Wie heißt du?" „Lippel", flüsterte er.

„Lippel" ist normal

Sie war der erste Mensch, der nicht gleich nachfragte: „Wie heißt du? Was ist denn das für ein Name? Heißt du wirklich so?" Sie wiederholte „Lippel", nickte und schien das normal zu finden.

Eigentlich hatten ihm seine Eltern den Namen Philipp gegeben, aber sie nannten ihn immer Lippel und hielten das wohl für eine ganz normale Abkürzung. Lippel lernte seinen richtigen Namen erst zur Schulzeit kennen. Aber ‚Philipp' stand nur auf den Schulheften und nur die Lehrer nannten ihn so.

Lippel wandte sich wieder an seinen Tischnachbarn. „Warum redest du denn nicht?", wiederholte er seine Frage. Wieder antwortete Hamide für ihren Bruder. „Er ist böse, weil er musste weg. Er will nicht in die neue Klasse. Er will nicht hier nach …"

Lippel ist gekränkt

Arslan flüsterte ihr etwas auf Türkisch zu. Es klang vorwurfsvoll. Hamide hörte mitten im Satz auf zu sprechen. Lippel überlegte, ob Arslan ihn vielleicht nicht leiden konnte. Ein bisschen gekränkt rückte er ein Stück von ihm ab und redete nun auch nicht mehr mit den beiden.

Aber um zwölf, als der Unterricht zu Ende war, griff Arslan, bevor er ging, in seine Jackentasche und holte drei Bonbons heraus. Eines gab er Hamide, eines wickelte er für sich selbst aus dem Papier, das dritte hielt er Lippel hin.

Lippel ist überrascht

„Für mich?“, fragte Lippel überrascht.
Arslan nickte und schaute aufmerksam zu, wie Lippel das Papier aufwickelte, das Bonbon herausnahm und in den Mund schob.
„Danke. Schmeckt gut!“, sagte Lippel kauend.
Arslan nickte noch einmal und ging mit seiner Schwester aus dem Klassenzimmer.

Lippel betrachtete das Bonbonpapier. Es sah auf den ersten Blick ganz normal aus: rot, mit grünen Punkten. Aber die Schrift war anders. Er konnte sie nicht lesen. Kein Zweifel: Das war Türkisch. Sorgfältig faltete er das Papier zusammen und steckte es in seine Tasche. So was bekam man nicht jeden Tag: ein Bonbonpapier direkt aus der Türkei. Ein türkisches Früchtebonboneinwickelpapier sozusagen!

Paul Maar

Türkische Wörter

(Deutsch)	(Türkisch)	Aussprache
Junge	oğlan	oh-lan
Mädchen	kız	khs
Tisch	masa	ma-sa
Stuhl	sandalye	san-dal-je
Tasche	cep	tschep
Bonbon	şeker	sche-ker
Punkte	benek	be-neck
Freund	arkadaş	ar-ka-dasch

Aufgaben ⇢ S. 49

Ich will dich heut nicht sehen

Ich will dich heut nicht sehen
und sag dir ins Gesicht:
Ich will dich heut nicht sehen.
Ich mag dich heute nicht.

Ich kann dich heut nicht riechen,
du machst dich nicht beliebt.
Mach bitte eine Fliege,
bevor es Ärger gibt.

Ich möchte heut allein sein
und sag dir ins Gesicht:
Ich hab heut schlechte Laune
und mag mich selber nicht.

Ich will dich heut nicht sehen.
Ich weiß, das klingt gemein.
Doch ich kann heute leider nicht
auf Knopfdruck lustig sein.

Hast du mal schlechte Laune,
dann kann ich dich verstehn.
Und spätestens heut Abend
möcht ich dich wiedersehn.

Bernhard Lins

Aufgaben → S. 50

Langeweile? Tu was!

Roll möpse
Speise eis
Mal stifte
Rate spiele
Bau klötze
Fang körbe
Schüttel reime
Lösch blätter
Schnür senkel
Weck gläser
Angel ruten
Back erbsen
Füll hörner
Wähl scheiben
Zieh federn
Zerr spiegel
Dreh türen
Tritt bretter
Kipp schalter
Tipp fehler
Gieß kannen
Lese zeichen
Fahr spuren
Stoß stangen
Klammer beutel
Lenk stangen
Schaukel pferde
Puste blumen
Kneif zangen

Nora Clormann-Lietz

Aufgaben ⇢ S. 50

Der Rollstuhl

Michaela sollte in die Schule kommen. Vorher musst du aber lernen, alleine mit deinem Rollstuhl zu fahren, sagte die Mutter. Michaela wollte nicht. Weil sie den Rollstuhl hasste. Weil sie gehen wollte, auf ihren Beinen stehen. Oder wenigstens ihr Wägelchen wiederhaben. Darin war sie immer gefahren worden, seit sie nicht mehr laufen konnte. Jetzt saß sie im Rollstuhl, und sie sollte sich auch noch selber schieben! Nein, sie wollte nicht.

In einem Heim für behinderte Kinder sollte sie sich erholen, sechs Wochen lang, sagten die Eltern. Und sie sollte andere behinderte Kinder kennenlernen. Kinder, die auch im Rollstuhl saßen und sich selber fuhren.

Drei Wochen lang weinte sie jede Nacht, wollte nichts essen und wurde noch dünner, als sie schon war. Wenn die Betreuer sie in ihren Rollstuhl setzten, schloss sie die Hände zu Fäusten und rührte sich nicht vom Fleck. Sie dachte an ihr Sportwägelchen, das plötzlich verschwunden war. An seiner Stelle hatte eines Tages der Rollstuhl gestanden. Du bist jetzt wirklich groß genug, hatten sie gesagt. Aber Michaela wollte nicht. Der Rollstuhl machte alles so deutlich!

Die Zeit im Heim kroch wie eine Schnecke. Einmal machte die ganze Gruppe einen Ausflug. Wer es schaffte, fuhr alleine im Rollstuhl. Manche hatten einen kleinen Motor. Michaela ließ sich schieben. Sie wäre lieber im Heim geblieben. Aber sie musste mit.

Sie fuhren auf einer asphaltierten Landstraße und waren schon weit weg vom Ort. Da schütteten sich plötzlich schwarze Wolken aus. Im Nu stand die Straße unter Wasser. Alle versuchten, schnell wegzukommen. Einer von den kleineren Jungen rutschte mit seinem Rollstuhl an den Straßenrand und kippte die niedrige Böschung hinunter. Alle Betreuer eilten ihm sofort zu Hilfe. So stand Michaela plötzlich alleine da. Sie sah das Wasser, sah, wie die anderen mit ihren Rollstühlen flitzten, und wurde von Angst gepackt.

Ich kann mich nicht retten! schrie es in ihrem Kopf. Und ihre Hände griffen wie von selbst nach dem metallenen Reifen vor den Rädern. Aber die standen wie festgewachsen. Die Bremsen! dachte Michaela. Ich muss die Bremsen lösen! Rechter Hebel, linker Hebel. Da fuhr der Rollstuhl. Michaela drehte die Reifen, so schnell sie konnte, rollte weiter und weiter, hinter den anderen her. Ganz allein, mit der Kraft ihrer Arme. Eine Betreuerin holte sie ein und fasste die Griffe des Rollstuhls. Ich kann! schrie Michaela in den Platzregen hinein. Ich kann alleine! Und fuhr ihr davon. Alle kamen pitschnass im Heim an. Das war ein Abenteuer! Besonders für dich! sagte die Betreuerin zu Michaela. Jetzt kannst du endlich laufen – auf Rädern. Das musst du deinen Eltern zeigen. Wenn du willst, können sie dich am Sonntag besuchen. Michaela drehte ihren Rollstuhl um die eigene Achse und fuhr los, als wollte sie nie mehr still stehen. Die letzten drei Wochen im Heim waren wunderbar. Und danach kam sie in die Schule.

Margaret Klare

Aufgaben ⇢ S. 51

• Nur die, die keine Angst haben

Nora ist mit ihrer Oma im Kinderzirkus. Jetzt wird in einem Korb eine riesige Schlange hereingetragen. Die Zirkusdirektorin legt sich die Schlange um den Hals und sagt: „Alle, die keine Angst haben, können die Schlange jetzt anfassen." Sie geht von Kind zu Kind mit der Schlange um den Hals. Die Kinder berühren sie vorsichtig. „Jetzt du", sagt die Zirkusdirektorin zu Nora. Nora schüttelt den Kopf. „Nur die, die keine Angst haben", sagt sie. „Ich habe aber Angst." Die Zirkusdirektorin lächelt und geht weiter.

•• Nur die, die keine Angst haben

Nora ist zum ersten Mal mit ihrer Oma im Kinderzirkus. Sie sitzt in der zweiten Reihe. Die Zirkusdirektorin ruft die Kinder der ersten Reihe nach vorn. Sie dürfen mitspielen. Nora ist froh, dass sie in der zweiten Reihe sitzt. Jetzt wird ein Korb hereingetragen. Die Zirkusdirektorin holt eine riesige Schlange heraus und legt sie sich um den Hals. Sie erzählt den Kindern, dass die Schlange nicht glitschig ist. „Alle, die keine Angst haben, können das selbst ausprobieren", sagt die Zirkusdirektorin. Die Kinder berühren die Schlange. Schließlich kommt die Zirkusdirektorin auch zu Nora und ihrer Oma. „Jetzt du", sagt sie zu Nora. Nora schüttelt den Kopf. „Nur die, die keine Angst haben", sagt sie. „Ich habe aber Angst." Die Zirkusdirektorin lächelt verwundert und geht weiter.

beide Texte nach Cordula Tollmien

••• Nur die, die keine Angst haben

Nora ist zum ersten Mal im Zirkus. Sie ist mit ihrer Oma da und sitzt in der zweiten Reihe. Es ist ein ganz kleiner Zirkus. Richtig für Kinder. Der Zirkusdirektor ist eine Frau, und die Kinder aus der ersten Reihe werden nach vorn gerufen und dürfen mitspielen. Nora ist froh, dass sie in der zweiten Reihe sitzt.

Jetzt wird ein großer Korb hereingetragen. Drei Kinder dürfen nacheinander in den Korb sehen, aber nichts verraten. Ein kleiner Junge soll ohne zu schauen ganz tief in den Korb fassen und herausholen, was drin ist. Er hat Angst, aber traut sich nicht, das zu zeigen. Er macht den Deckel auf. Alle anderen Kinder zischen. Er hat wirklich ziemlich viel Angst, doch er beugt sich trotzdem immer tiefer über den Korb. Dann taucht er schließlich wieder auf und hat ein Meerschweinchen in der Hand. Alle Kinder lachen. Der kleine Junge sieht sehr erleichtert aus. Natürlich haben alle gedacht, dass in dem Korb eine Schlange sei.

Eine Schlange haben sie in dem Zirkus auch. Eine riesige Schlange sogar. Die Zirkusdirektorin holt sie aus einem anderen Korb. Sie legt sich die Schlange um den Hals und erzählt den Kindern, dass Schlangen nicht glitschig, sondern trocken sind. „Alle, die keine Angst haben, können das ja mal ausprobieren“, sagt die Zirkusdirektorin. Sie geht von Kind zu Kind mit der Schlange um den Hals. Die Kinder berühren sie vorsichtig. Schließlich kommt die Zirkusdirektorin auch zu Nora und ihrer Oma. Die Oma fasst die Schlange an. „Stimmt“, sagt sie. „Ist ganz trocken.“ „Jetzt du“, sagt die Zirkusdirektorin. „Ja“, sagt Noras Oma, „fass sie an.“ Doch Nora schüttelt den Kopf. „Nur die, die keine Angst haben“, sagt sie. „Ich habe aber Angst.“ Die Zirkusdirektorin guckt erst ein wenig verwundert, aber dann lächelt sie und geht weiter.

Cordula Tollmien

Stelle dir folgende Fragen und schreibe in dein Lerntagebuch:

- Wie schätze ich mich beim Lesen ein? Male ☺ 😐 ☹.
- Welchen Text konnte ich flüssig lesen? Wem lese ich den Text vor?
- Welchen Text habe ich gut verstanden? Worum geht es darin?
- Welche schwierigen Wörter oder Textstellen möchte ich noch üben?

Du kannst dein Lerntagebuch ⇢ S. 197 für deine Lernerfahrungen nutzen.

Ich bin glücklich, S. 34

Lesetipp 4 – Überschrift beachten (siehe auch ⇢ S. 192)
In der Überschrift steckt immer ein Hinweis auf das, was wichtig ist. Überlege deshalb vor dem Lesen, was dir die Überschrift sagt. Nach dem Lesen verstehst du den Text besser, wenn du noch einmal an den Hinweis in der Überschrift denkst.

1. a) **Vor dem Lesen:** Wann sagst du „Ich bin glücklich“? Schreibe Stichwörter.
   b) Tausche dich mit einem Partner aus.
   c) Sprecht darüber in der Klasse.
2. **Nach dem Lesen:** Wann ist der Junge glücklich? Was davon würde auch dich glücklich machen? Tausche dich mit einem Partner aus.

3. Was kann man machen, um sich wohlzufühlen und glückliche Momente zu erleben? Tauscht euch aus und sammelt Ideen.
4. Schreibt eure Tipps auf ein Plakat und stellt sie in der Klasse vor. Achtet darauf, vor den anderen laut und deutlich zu sprechen. Wählt die Glücksregel aus, die euch besonders gut gefällt.

Kleine Sympathiegedichte, S. 35

1. Lest euch die Gedichte in 3er-Gruppen gegenseitig vor.
2. Fällt es dir leicht, Gedichte vorzulesen? Macht es dir Spaß? Wie kannst du üben, fehlerfrei zu lesen? Sprecht in der Klasse darüber. Lest dazu auch die Seite „Lesen trainieren“ ⇢ S. 203.
3. Wähle ein Gedicht aus und gestalte ein schönes Schmuckblatt – entweder in einer gut lesbaren Handschrift oder am Computer. Das Schmuckblatt kannst du jemandem schenken, den du magst. Beim Gedicht über „Anna“ musst du natürlich den Namen ändern.

Der Sprung ins Wasser, S. 36/37

1. Lest die Zeilen 1–28 mit verteilten Rollen (→ S. 202): Erzähler, Stefanie, Frau Vogt, Jana, Jessica.

2. Sprecht in der Klasse über das Verhalten von Evas Mitschülerinnen. Warum wartet ausgerechnet Kathrin auf Eva?

3. Eva hat Angst vor dem Sprung ins Wasser.
   a) Was könnten die Mitschülerinnen und Frau Vogt sagen, um ihr Mut zu machen? Sammle Ideen.
   b) Schreibe mit einem Partner mögliche Sätze in Sprechblasen.
   c) Tragt die Texte in den Sprechblasen lebendig in der Klasse vor.

Die Neuen, S. 38–41

1. Lernt den Text in einer Lesekonferenz kennen. Auf S. 198 erfahrt ihr, wie ihr vorgehen könnt. Wer übernimmt die Gesprächsleitung (Sprecher)? Wer führt „Protokoll“ (Schreiber)?

2. Wie verhält sich Lippel gegenüber den Neuen? Lest die Überschriften und sprecht in der Klasse darüber. Lesetipp 4 → S. 192 kann helfen.

3. Auf S. 41 findest du in dem Kasten türkische Vokabeln. Übt gemeinsam die Aussprache und lernt sie auswendig. Kennt ihr noch andere türkische Wörter? Kennt ihr diese Wörter auch in anderen Sprachen? „Tisch“ heißt auf Spanisch „mesa“ …

4. Wie könnte Hamide und Arslan geholfen werden, sich schnell in der neuen Klasse einzuleben? Bringt eure Ideen und Vorschläge ein.

5. Wenn du wissen willst, wie es mit Lippel und den beiden neuen Kindern weitergeht, kannst du das Buch „Lippels Traum“ lesen oder dir den gleichnamigen Film anschauen. Ab S. 162 findest du hier im Buch auch noch mehr Informationen zum Buch und Film.

Ich will dich heut nicht sehen, S. 42

1. Lerne eine Strophe des Gedichts auswendig.
   Lesetipp 8 ⇢ S. 195 hilft dir dabei.
2. Fünf Schüler tragen das Gedicht vor.
   Jeder stülpt sich einen Karton über den Kopf.
   Während der 5. Strophe nimmt der betroffene Schüler den Karton vom Kopf.
   Zum Schluss folgen ihm alle.

3. Fiel dir das Auswendiglernen leicht?
   Hat dir das Vortragen Spaß gemacht?
   Sprecht darüber in der Klasse.
4. Hast du manchmal auch schlechte Laune? Wer oder was hilft dir in einer solchen Situation? Male ein Bild dazu.

Langeweile? Tu was!, S. 43

1. Lest das Gedicht zu zweit. Versucht, die Tätigkeiten nachzumachen.
   Welche sind besonders lustig? Welche lassen sich nicht darstellen?
2. Zerlege die zusammengesetzten Wörter.
   Schreibe so in eine Tabelle:

Nomen	Verben
der Mops	rollen
das Eis	speisen

3. Setze das Gedicht mit einem Partner fort. Überlegt euch weitere passende Nomen, die aus Verben und Nomen gebildet sind.
   Schreib feder
   Klebe streifen
4. Worin unterscheidet sich dieses Gedicht von anderen Gedichten?
   Was ist das Besondere daran? Sprecht in der Klasse darüber.
   Fachbegriffe findet ihr hinten im Lesebuch ⇢ S. 206/207.

Der Rollstuhl, S. 44/45

1. Lest im Text die Zeilen 1–18. Warum soll Michaela ins Heim für behinderte Kinder? Schreibt Stichwörter. Lest dann miteinander die Geschichte zu Ende.

2. Im Text macht die ganze Gruppe einen Ausflug. Was geschieht? Schreibt Stichwörter und erzählt gemeinsam die Geschichte vor der Klasse.

3. Finde Überschriften zu einzelnen Textabschnitten (Lesetipp 7 → S. 194). Arbeite mit einem Partner.
   Zeile 1–18
   Zeile 19–29
   Zeile 30–39
   Zeile 40–48

4. Michaela schreibt nach dem Ausflug ihren Eltern einen Brief und berichtet von den Erlebnissen. Schreibe diesen Brief für sie.
   Liebe Mama, lieber Papa,
   ihr werdet nicht glauben, was passiert ist. ...

5. Lest euch den selbst geschriebenen Brief gegenseitig vor. Woran lässt sich erkennen, dass es sich um einen Brief handelt? Was ist gut gelungen? Was könnte man noch besser machen?

Schlangenwörter

Wer kann die Schlangenwörter fehlerfrei lesen?

Papier
Einwickelpapier
Bonboneinwickelpapier
Früchtebonboneinwickelpapier

Rollstuhllehnenfutternaht
Rollstuhllehnenfutter
Rollstuhllehnen
Rollstuhl

Denke dir eigene Schlangenwörter aus und lese sie fehlerfrei vor. Schafft es jemand, auch Schlangensätze zu bilden?

Uhren zeigen die Zeit an – früher und heute

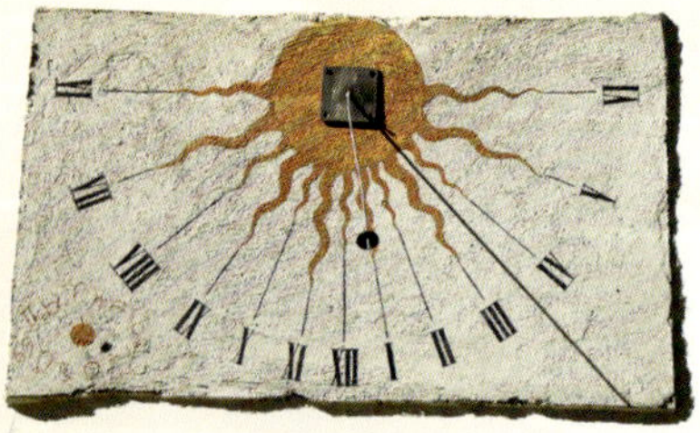

Die Ägypter bauten vor 4000 Jahren die ersten **Sonnenuhren**. Der Schatten des Stabes zeigt die Uhrzeit an – auf dem Foto ist es halb 4 Uhr. Auch heute noch kann man Sonnenuhren in Parkanlagen und an alten Gebäuden sehen.

Zur Messung der Nachtstunden erfanden die Ägypter **Wasseruhren**. Im Laufe der Nacht läuft das Wasser aus dem oberen in das untere Gefäß. So konnte man am Wasserstand ablesen, wie viele Stunden seit Beginn der Nacht vergangen waren.

In **Feueruhren** ist die Flamme der Zeit(m)esser. An einer Skala mit Stundenstrichen hinter der brennenden Kerze kann man ablesen, wie viele Stunden vergangen sind.

Nach dem Umkippen der **Sanduhr** rieselt der feine Sand in das untere Gefäß. Das dauerte je nach Größe fünf Minuten oder eine Stunde.

Im Zytgloggeturm* der Stadt Bern befindet sich eine der ältesten **Turmuhren** in der Schweiz. Sie ist 600 Jahre alt. Das Uhrwerk wird durch schwere Gewichte angetrieben. Ein **Stundenschläger** in der Turmspitze schlägt jede Viertelstunde und Stunde auf eine Glocke. Unter der großen Uhr mit Stunden- und Minutenzeiger ist eine **Sternenuhr** zu sehen. Sie zeigt an, wann Vollmond ist und in welchem Tierkreiszeichen die Sonne steht**. Zu jeder vollen Stunde läuft rechts neben der Sternenuhr ein **Figurenspiel** ab.

Vor 500 Jahren gab es die ersten **Taschenuhren**. Berühmt wurde das **Nürnberger Ei.** Das sind kleine und sehr teure Uhren mit einem Uhrwerk, das durch eine gespannte Feder angetrieben wird. Die Feder muss wie bei kleinen Spielzeugautos aufgezogen werden.

Vor etwa 200 Jahren begann man, Uhren in Werkstätten und Fabriken herzustellen. Das Uhrwerk wird durch zwei Gewichte angetrieben. Bekannt sind die **Kuckucksuhren** aus dem Schwarzwald.

Heute trägt beinahe jeder eine **Armbanduhr** am Handgelenk. Unsere Verabredungen können wir auf die Minute festlegen. Das Uhrwerk wird von einem Elektromotor angetrieben, der von einer Batterie mit Strom versorgt wird.

* Zytgloggeturm: schweizerdeutsch für „Zeitglockenturm"
** in welchem Tierkreiszeichen die Sonne steht: welches Sternzeichen gerade „dran" ist

Aufgaben ⇢ S. 66

Rapunzel

Der lange Weg zum Glück

E.: Erzähler Fr.: Frau M.: Mann
Z.: Zauberin R.: Rapunzel K.: Königssohn

E.: Es waren einmal ein Mann und eine Frau. Sie wünschten sich von ganzem Herzen ein Kind. Endlich gab es Hoffnung. Die Frau ging zu ihrem Mann und sagte:

Fr.: Der Rapunzel* im Garten sieht köstlich aus. Man könnte einen leckeren Salat daraus machen.
M.: Aber Frau, hast du vergessen, dass der Garten der bösen Zauberin gehört?
Fr.: Ich hab's nicht vergessen.
M.: Na also. Aber wieso willst du denn unbedingt Rapunzeln essen?
Fr.: Ich habe sooo Appetit darauf.
M.: Das ist doch Unsinn.
Fr.: Wenn du mich lieb hast, dann holst du mir Rapunzeln aus dem Garten.
M.: Auf keinen Fall!
Fr.: Bist du etwa feige?
M.: Gar nicht! Aber was ist, wenn mich die Zauberin erwischt?
Fr.: Komm schon. Bitte geh doch.
M.: Ich sage nein!
Fr.: Ohne Rapunzeln werde ich sterben.

E.: Am Abend kletterte der Mann aus Mitleid über den Zaun und holte Rapunzeln. Sofort machte seine Frau einen Salat davon und aß ihn mit großer Lust auf.

*Rapunzel: Feldsalat

Texte vorlesen und aufführen → S. 202

E.: Am nächsten Tag hatte sie noch größeren Appetit auf Rapunzeln. Also ging der Mann wieder in den Garten. Als er aber die Mauer hinabgeklettert war, erschrak er, denn die Zauberin stand vor ihm.

Z.: Wie kannst du es wagen, in meinem Garten Rapunzeln zu stehlen?
M.: Bitte, verzeiht mir, verzeiht mir!
Z.: Nein! Jeden, der Rapunzeln aus meinem Garten stiehlt,
werde ich hart bestrafen.
M.: Ich tat es aus großer Not. Meine Frau klagte, sie müsse
sterben, wenn sie keine Rapunzeln zu essen bekäme.
Z.: Also gut, nimm Rapunzeln mit, so viel du willst.
M.: Danke, vielen Dank, meine Frau …
Z.: Aber nur unter einer Bedingung:
Du musst mir das Kind geben,
das deine Frau zur Welt bringen wird.
M.: Aber das Kind braucht doch seine Mutter.
Z.: Ich werde genauso gut für das Kind sorgen.
M.: Ach, o weh! Du sollst das Kind haben.

E.: Traurig verließ der Mann den Garten. Als das Kind zur Welt kam, nahm die Zauberin es mit und gab ihm den Namen Rapunzel. Als das Mädchen zwölf Jahre alt war, schloss die Zauberin Rapunzel in einen Turm im Wald ein. Der Turm hatte keine Tür. Nur ganz oben war ein kleines Fenster. Wenn die Zauberin zu ihr hinaufwollte, rief sie:

Z.: Rapunzel, Rapunzel,
lass dein Haar herunter!

E.: Rapunzel hatte lange, wunderschöne blonde Haare. Wenn die Zauberin rief, ließ Rapunzel ihren Zopf hinabfallen und die Zauberin kletterte daran hinauf. Ein Königssohn, der im Wald auf der Jagd war, beobachtete die Zauberin heimlich dabei und sah auch das Mädchen im Fenster. Beim Anblick von Rapunzel verliebte er sich in sie. Also kehrte er in der Abenddämmerung zurück und rief:

K.: Rapunzel, Rapunzel,
lass dein Haar herunter!

R.: Oooh! Wer bist …?

K.: Hab keine Angst, Rapunzel. Ich tu dir nichts.

R.: Wer bist du und was willst du hier?

K.: Ich bin ein Prinz. Ich habe dich am Fenster gesehen und musste dich besuchen.

R.: Aber wieso kennst du …?

K.: Ich habe die Stimme der alten Frau nachgeahmt und nun bin ich hier. – Du siehst aber ein wenig blass aus.

R.: Ich bin einfach nur überrascht – ich hatte noch nie Besuch.

K.: Wie kommst du in diesen Turm? Wer bist du?

R.: Ich weiß nur, dass ich von der alten Frau großgezogen wurde.

K.: Aber dein Name ist doch Rapunzel!

R.: Ja, die alte Frau hat mir diesen Namen gegeben.

K.: Rapunzel, Rapunzel, du hast wunderschöne blonde Haare.

R.: Findest du?

K.: Du bist das schönste Mädchen auf der Welt. Willst du auf mein Schloss kommen?

R.: Ich will gerne mit dir gehen. Aber ich weiß nicht, wie ich den Turm hinabkommen soll. … Bring immer, wenn du kommst, einen Strang Seide mit. Daraus will ich eine Leiter flechten. Wenn sie fertig ist, steige ich hinunter, und du nimmst mich auf deinem Pferd mit.

E.: So geschah es. Der Königssohn kam immer am Abend und blieb bis zum frühen Morgen. Die Zauberin bemerkte lange Zeit nichts. Eines Tages entdeckte sie die Leiter unter dem Bett von Rapunzel. Die Zauberin wurde sehr zornig. Rapunzel musste alles gestehen. Da holte die wütende Alte eine Schere, schnitt Rapunzel die Haare ab und schickte das Mädchen in die Wüste, wo es in Elend leben musste. Noch am selben Tag band die Zauberin die abgeschnittenen Haare am Fensterhaken fest. Als der Königssohn rief, ließ sie die Haare hinabfallen. Der Königssohn fand aber nicht seine geliebte Rapunzel. Die Zauberin stand da und sah ihn böse an. Höhnisch rief sie:

Z.: Haaha! Ha! Deine Rapunzel ist nicht mehr hier, schöner, junger Freund.
K.: Wo ist sie? Was hast du mit ihr gemacht?
Z.: Der Vogel sitzt nicht mehr im Nest, die Katze hat ihn geholt. Sie wird auch dir noch die Augen auskratzen!
K.: Wo ist sie? Wo hast du sie versteckt? Rede!
Z.: Du wirst sie nie mehr wiedersehen. Hast du mich verstanden?
K.: Hast du sie umgebracht?
Z.: Das könnte schon sein.
K.: Wirklich? Meine Rapunzel? Ich werde sie suchen – auf der ganzen Welt!
Z.: Verschwinde!

E.: Die Zauberin stieß ihn vom Turm hinab in ein dorniges Gebüsch. Er überlebte, aber die Dornen zerstachen ihm die Augen. Blind irrte er im Wald umher und weinte über den Verlust seiner Rapunzel. So wanderte er einige Jahre durch Stadt und Land, bis er in die Wüste kam, wo Rapunzel mit den Zwillingen, die sie geboren hatte, kümmerlich lebte. Eines Tages hörte er ihre Stimme. Er ging auf sie zu. Rapunzel erkannte ihn, fiel ihm um den Hals und weinte. Zwei Tränen fielen auf seine Augen. Da konnte der Königssohn wieder sehen. Er führte Rapunzel in sein Reich und sie lebten noch lange und vergnügt.

Aufgaben ⇢ S. 67

MARGARETE STEIFF

Margarete Steiff wurde 1847 in Giengen geboren. Mit eineinhalb Jahren erkrankte sie an einem Fieber. Als es nachließ, war der Schrecken groß: Das Mädchen konnte seine Beine nicht mehr bewegen. Der rechte Arm war schwach und schmerzte bei jeder Bewegung. Der Arzt stellte **Kinderlähmung** fest und sagte, dass er nichts dagegen unternehmen könne. Von da an wurde Margarete in einem Leiterwagen* umhergezogen und konnte nur zusehen, wenn die anderen Kinder spielten. Als sie acht Jahre alt war, brachten die Eltern Margarete in eine Klinik. Doch leider brachten die jahrelangen Bemühungen der Ärzte keine Besserung.

Viele Kinder gingen damals nur im Winter zur Schule. Im Sommer mussten sie ihren Eltern in der Landwirtschaft helfen. Margarete ging ab 1857 wieder in die **Winterschule**. Sie war nun zehn Jahre alt. Überall dort, wo der Leiterwagen nicht fahren konnte, musste sie getragen werden. Jeden Nachmittag besuchte sie mit großer Freude die Nähschule.

Als Margarete 27 Jahre alt war, baute ihr Vater ein Arbeitszimmer für sie und ihre Schwestern. Eines Tages kam Margarete auf die Idee, Nadelkissen in Form von Elefanten zu fertigen. Die **Elefäntle** wurden ein großer Erfolg und viele Näherinnen fanden Arbeit in Margaretes Schneiderei. Weltberühmt wurde der Teddybär, den Margaretes Neffe Richard entwickelte. Die Firma Steiff verkaufte viele tausend Bären nach Amerika. Das Stofftier erhielt den Namen Teddy nach dem damaligen Präsidenten der USA, Theodore Roosevelt, genannt **Teddy**. Bis heute lieben alle Kinder dieses wunderbare Stofftier.

*Leiterwagen: kleiner Handwagen aus Holz

Margarete Steiff lebte vor ungefähr hundertfünfzig Jahren. Damals sollten Mädchen so schnell wie möglich heiraten und Kinder bekommen. Als Behinderte hatte es Margarete aber sehr schwer, einen Mann zu finden und eine Familie zu gründen. Margarete musste für sich selbst sorgen und ihr eigenes Geld verdienen. Das war zur damaligen Zeit ganz außergewöhnlich. Margarete aber erreichte noch viel mehr. Trotz ihrer schweren Behinderung schuf sie viele Arbeitsplätze: Im Jahr 1907 hatte die **Firma Steiff** 400 Mitarbeiter und 1 800 Heimarbeiterinnen. So konnten die Frauen für ihre Familien etwas dazuverdienen.

Als Chefin war Margarete einerseits sehr streng. Sie duldete es nicht, wenn ihre Arbeiterinnen während der Arbeit zu viel miteinander redeten. Aber sie hatte auch ein großes Herz. Wenn Familien in Not waren, steckte sie den Frauen an Weihnachten fünf Mark mehr in die Lohntüte. Margarete Steiff mochte Kinder sehr gern. Ein Satz, den sie oft erwähnte, lautet: „Für Kinder ist nur das Beste gut genug.“

Aufgaben ⇢ S. 67

Hertha hat Geburtstag

So lebte eine Arbeiterfamilie um 1900

Herthas Familie war – wie viele arme Familien – vom Dorf in die Stadt gezogen. Dort war eine große Textilfabrik, die viele Arbeiter brauchte. Herthas Eltern und vier ihrer neun Geschwister arbeiteten dort. Aber sie verdienten sehr wenig Geld. So ging es auch den vielen Nachbarfamilien im Haus.

Auf diesen Geburtstag hatte sich Hertha sehr gefreut. Heute war der 10.10.1910 – und sie wurde zehn Jahre alt. So viele Zehner!
Hertha stieg vorsichtig über ihre Schwestern und glitt hinunter auf den Boden. Die drei Mädchen teilten sich das obere Bett, die drei Brüder schliefen im unteren. Erna, die ältere Schwester, schlief auf einer Bank an der Wand. Hertha zog schnell ihr Kleid an und schlich ins andere Zimmer der Wohnung.

Da war es noch enger. Denn außer dem Bett der Eltern und der Matratze für die kleineren Geschwister war darin noch die Küche. Es war kaum Platz für den schmalen Tisch.

Vor dem Lesen ⇢ Lesetipp 5, S. 192

Mutter rührte gerade den Haferbrei zum Frühstück, das Wasser dafür hatte sie vom Pumpbrunnen im Hof geholt. Vater war schon zur Arbeit gegangen. „Herzlichen Glückwunsch zum Geburtstag!“, lächelte sie. Hertha war aufgeregt. Sie lief erst einmal runter auf den Hof, wo das Klohäuschen war. „Ui, ist das kalt heute“, fand sie und lief dann schnell wieder nach oben.

Herthas Geburtstagsgeschenke

Als Geschenk bekam Hertha ein Nachthemd, das Agnes nicht mehr passte. Sie legte es mit einem Dankeschön zur Seite. Dann sah sie die neue Schürze. Sie war zwar aus einem alten Kleid genäht, aber Mutter hatte sie mit einer roten Borte verziert. „Ach, wie schön!“, freute sich Hertha und lachte. Auch neue Wollstrümpfe lagen da. Jeden Abend nähte, strickte und stopfte Mutter bis spät in die Nacht. Sie musste viele Wollstrümpfe stricken – auch die Jungen brauchten sie im Winter, für lange Hosen war kein Geld da.

Dann entdeckte Hertha unter dem Tisch frisch geputzte Schuhe von Agnes. „Die gehören jetzt dir“, sagte Mutter. „Wirklich? Wirklich für mich?“ Hertha konnte es kaum glauben. Gleich schlüpfte sie in die Schuhe und stakste in ihnen herum. Die Schuhe waren noch ein wenig groß, aber mit den Wollstrümpfen würde es schon gehen.

Herthas Geburtstagsfeier

In der Schule gab es auch eine Geburtstagsüberraschung für Hertha. Der Lehrer gratulierte ihr freundlich. Dann sang die Klasse – 57 Kinder – ein Geburtstagslied. Das war schön – und laut! Fröhlich winkte Hertha ihrem jüngeren Bruder Paul zu. Seine und ihre Klasse hatten zusammen in einem Zimmer Unterricht.

Am Nachmittag nach der Schule spielten die Kinder im Hof zwischen den Häusern. Heute waren alle besonders nett zu Hertha. Sie durfte beim „Himmel und Hölle"-Hüpfen anfangen und nach dem ersten Fehler weitermachen. Renate, Herthas beste Freundin, hatte ihr eine dicke Kastanien-Kette geschenkt. Dann spielten die Kinder noch „Der Fuchs geht um". Aber bald musste Paul weg – er trug Wäsche aus, brachte Einkäufe in die Häuser und kam mit Bestellungen wieder zurück. Hertha versorgte ihre kleinen Geschwister und kochte die Kartoffeln für das Abendessen. Sie war froh, dass sie nach der Schule nicht zur Arbeit in die Fabrik gehen musste wie ihre Freundin Renate. Die half dort ihrer Mutter beim Putzen.

Es war ein schöner Geburtstag gewesen.

Aufgaben → S. 68

Montag Januar 1

Die Zeit

Man kann sie nicht riechen,
man kann sie nicht schmecken,
man kann sie einfach
nirgends entdecken.

Man kann sie vergeuden,
man kann sie vergessen.
Doch was man versäumt hat,
kann man nicht messen.

Man kann sie nicht kaufen,
man kann sie nicht borgen.
Man sucht das Gestern,
schon ist es morgen.

Man kann sie gut nutzen
und jemandem schenken,
und wenn man Zeit hat,
an sie denken.

Gerald Jatzek

Aufgaben → S. 69

• Sofies Tagebuch

Sonntag, 8. Mai 2016

Heute Morgen war ich am PC. Ich habe mein Referat über Katzen fertig geschrieben. Im Internet habe ich auch mit Nazim gechattet*. Er hat mir ein Katzenvideo geschickt. Das war lustig. Ich habe es an Mia weitergeschickt. Am Mittag hat Papa Wurstgulasch gekocht. Das war lecker! Vorhin war Nazim bei mir. Wir haben „Mensch ärgere dich nicht" gespielt. Mama hat ihn dann nach Hause gefahren.

•• Tanjas Tagebuch

Sonntag, 16. Mai 1982

Meine Schwester Anna hat mich heute Morgen wieder zu früh geweckt. Anna wollte unbedingt mit ihren Puppen spielen und hat dazu gesungen. Papa hat gesagt, bald ziehen wir um. Dann bekomme ich ein eigenes Zimmer. Die neue Wohnung ist nicht weit weg. Meine Freundin Anke kann mich dann mit dem Fahrrad besuchen. Zum Mittag gibt es wieder Spaghetti mit Tomatensoße. Mama will, dass ich nachher mit Anna auf den Spielplatz gehe. Aber erst muss ich beim Abwasch helfen. Seitdem Mama auch halbtags im Büro arbeitet, muss ich viel mehr machen. Anke muss nicht so viel helfen. Ungerecht, oder?

* chatten: englisches Wort für reden / sich unterhalten

••• Ingrids Tagebuch

Sonntag, 11. Mai 1958

Heute Morgen waren wir wie immer in der Kirche. Ich durfte meine braunen Schuhe anziehen. Ich habe sie gestern zum Geburtstag bekommen. Meine Schwester Sigrid hat sie nur selten getragen. Deswegen sind sie so gut wie neu. Uwe schlief bei der Predigt wieder ein und Peter spielte mit einem kleinen Spiegel. Mutter erwischte beide und schimpfte nach dem Gottesdienst.

Gerade war Ulrike von nebenan da und hat uns ihr neues Fahrrad vorgeführt. Wir dürfen es auch mal bis zur großen Straße und zurück fahren, wenn wir ihr unser Taschengeld geben. Peter überlegt es sich. Ich will lieber auf ein Kleid für die Puppe sparen.

Jetzt müssen Sigrid und ich beim Kochen helfen und Kartoffeln schälen. Mutter macht wieder ein großes Schnitzel und es gibt Bohnen dazu. Vielleicht bekommen wir Kinder diesmal auch ein Stück Fleisch ab. Vater isst es jedoch meistens alleine. Mutter sagt, er braucht das für seine Arbeit in der Werkstatt. Die ist ja sehr anstrengend. Egal: Kartoffeln mit Soße schmecken mir sowieso am besten!

Ich habe heute nach dem Frühstück das Geschirr abgetrocknet und deswegen ist jetzt Sigrid damit dran. Ich darf nach dem Mittagessen spülen. Ich will aufpassen, dass meine große Schwester mich nicht wieder austrickst.

Stelle dir folgende Fragen und schreibe in dein Lerntagebuch:

- Wie schätze ich mich beim Lesen ein? Male ☺ 😐 ☹.
- Welchen Text konnte ich flüssig lesen? Wem lese ich den Text vor?
- Welchen Text habe ich gut verstanden? Worum geht es darin?
- Welche schwierigen Wörter oder Textstellen möchte ich noch üben?

Du kannst dein Lerntagebuch → S. 197 für deine Lernerfahrungen nutzen.

Uhren zeigen die Zeit an – früher und heute, S. 52/53

1. Frühere Uhren zeigen die Zeit mit natürlichen Vorgängen an:
   - das Wandern des Schattens,
   - das Fließen des Wassers,
   - das Brennen des Feuers,
   - das Rieseln des Sandes.

   Ordnet diese Vorgänge den abgebildeten Uhren auf S. 52 zu.

2. Vor ungefähr 600 Jahren bauten Erfinder die ersten Uhren mit einem mechanischen Uhrwerk. Sie zeigen die Zeit ununterbrochen für mehrere Tage an.

   Das Uhrwerk wird angetrieben durch
   - ein Gewicht,
   - eine gespannte Feder,
   - einen Elektromotor.

   Ordnet diese Vorgänge den abgebildeten Uhren auf S. 53 zu.

3. Informiere dich im Internet über Uhren, die dich interessieren.

Eine einfache Sonnenuhr basteln

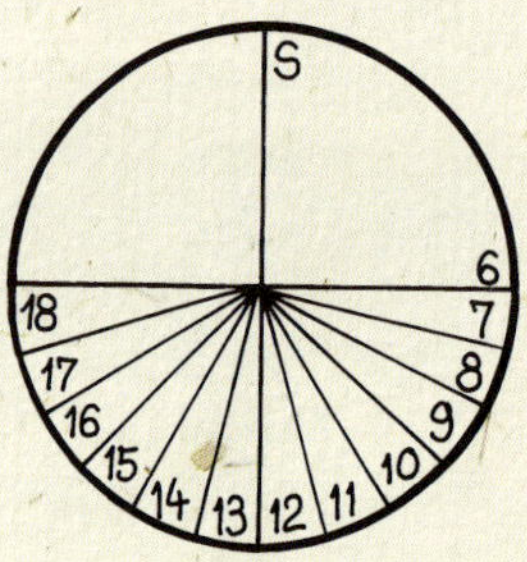

- Schneide aus Pappe einen Kreis (Durchmesser: 20 cm) aus.
- Trage die Uhrzeiten wie vorgegeben ein.

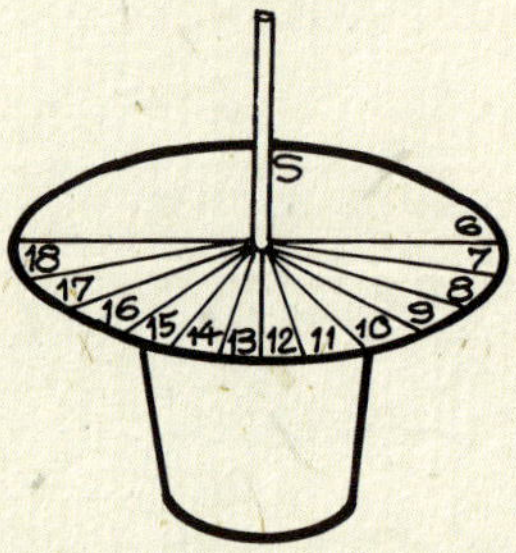

- Fülle einen Blumentopf mit Sand.
- Stecke einen Holzstab hinein.
- Stelle deine Sonnenuhr bei Sonnenschein am Fenster auf.

Rapunzel – Der lange Weg zum Glück, S. 54–57

1. Woran erkennst du, dass Rapunzel ein Märchen ist? Fachwörter findest du auch auf S. 206/207.

2. Lest die Szenen in Gruppen mit verteilten Rollen.

Szene 1, S. 54: Rapunzeln im Garten
Rollen: Erzähler, Frau, Mann.

Szene 2, S. 55: Die Zauberin verlangt das Baby
Rollen: Erzähler, Mann, Zauberin.

Szene 3, S. 56: Rapunzel und der Königssohn
Rollen: Erzähler, Zauberin, Rapunzel, Königssohn.

Szene 4, S. 57: Die Zauberin ertappt Rapunzel und den Königssohn
Rollen: Erzähler, Zauberin, Königssohn.

3. Es gibt mehrere Verfilmungen dieses Märchens der Brüder Grimm. Wählt zusammen mit eurer Lehrerin eine davon aus. Besprecht den Film in der Klasse. Was ist darin gut/nicht gut umgesetzt?

4. Spielt den Abschnitt ab Zeile 113 mit verteilten Rollen (⇢ S. 202). Ihr könnt in einer Art Drehbuch aufschreiben, was die Personen sagen.

Margarete Steiff, S. 58/59

1. Lest den Text, Zeile 1–10. Schreibt Stichwörter (Lesetipp 3 ⇢ S. 191) und berichtet in der Klasse über Margaretes Kindheit.

2. Welche Stofftiere machten ihre Firma bekannt? Die fett gedruckten Wörter helfen dir. Hast du auch ein Tier dieser Firma zu Hause?

3. Wie verhielt sich Margarete Steiff ihren Arbeiterinnen gegenüber? Lest noch einmal die Zeilen 34–37. Sprecht in der Klasse darüber.

4. Teile den Text in Abschnitte ein und gib ihnen Überschriften. Achte auf die Absätze. Denke auch an Lesetipp 7 ⇢ S. 194.

5. Wenn du mehr über Margarete Steiff und ihr Leben erfahren willst, kannst du im Internet recherchieren oder dir einen Film ausleihen. Im Jahr 2005 wurde ihre Geschichte verfilmt.

Hertha hat Geburtstag, S. 60–62

Tipp 5

Lesetipp 5 – Bilder zum Text beachten (siehe auch ⇢ S. 192)
Beachte die Fotos und Bilder zu einem Text. Sie verraten dir viel über das, was in der Geschichte geschieht. Sie zeigen zum Beispiel den Ort, wo die Geschichte spielt, und die Hauptpersonen. Du kannst auch erkennen, ob es eine wirkliche Geschichte oder eine unwirkliche Geschichte ist, zum Beispiel ein Märchen.

1. Betrachtet die Fotos und Bilder. Besprecht sie miteinander.
2. Wie lebte eine Arbeiterfamilie in den Jahren um 1900?
   Schreibt Stichwörter. Lesetipp 6 ⇢ S. 193 hilft euch.
   Berichtet in der Gruppe.

3. Was hat Hertha zum Geburtstag bekommen?
   Was hast du zum Geburtstag bekommen? Erzähle.
4. a) Lies „Herthas Geburtstagsfeier“ auf S. 62.
   b) Besprich dich mit einem Partner. Schreibt Stichwörter.
   c) Wie unterscheiden sich Geburtstagsfeiern damals und heute? Sprecht in der Klasse darüber.

5. Helfen dir die Stichwörter bei der Besprechung?
   Was könntest du tun, damit sie noch hilfreicher sind?

So lebte eine Arbeiterfamilie um 1900

Hier ist etwas verloren gegangen. Kannst du es trotzdem lesen?

Herthas Familie war – wie viele arme Familien – vom Dorf in die Stadt gezogen. Dort war eine große Textilfabrik, die viele Arbeiter brauchte. Herthas Eltern und vier ihrer neun Geschwister arbeiteten dort. Aber sie verdienten sehr wenig Geld.

Mutter rührte gerade den Haferbrei zum Frühstück, das Wasser dafür hatte sie vom Pumpbrunnen im Hof geholt. Vater war schon zur Arbeit gegangen. „Herzlichen Glückwunsch zum Geburtstag!“ lächelte sie. Hertha war aufgeregt.

Die Zeit, S. 63

1. Lies das Gedicht. Lesetipp 2 ⇢ S. 190 hilft dir.

2. Besprich die Fragen zur 1. Strophe mit einem Partner.
   - Was kann man riechen?
   - Was kann man schmecken?
   - Was kann man entdecken?
   - Was sagt die erste Strophe über die Zeit?

3. Schreibe kurze Sätze zur 2. Strophe.
   - *Manchmal sagt Mama: „Du vergeudest deine Zeit!“*
     Was meint sie damit?
   - *Manchmal vergesse ich die Zeit.*
     Wann geschieht das?

4. In der 3. Strophe wird gesagt:
   Zeit bleibt nicht stehen wie ein neu gekauftes Fahrrad in der Garage. Zeit vergeht.
   Wann hast du das schon erlebt? Erzähle einem Partner davon.

5. Du kannst „Zeit-Gutscheine“ verschenken. Schreibe deinen „Gutschein“ in schöner Handschrift oder gestalte ihn am Computer.

Zum Muttertag

Liebe Mama, ich schenke dir
6-mal 10 Minuten.
Du darfst sagen,
was ich für dich tun soll.

Deine Klara

Für Oma und Opa

Nichts ist so kostbar
wie die Zeit mit euch!

Gutschein für einen
unvergesslichen Tag

Einzulösen bei Thomas

Wem willst du einen Zeit-Gutschein schenken? Was ist daran so wertvoll?

Zeit-Rätsel

Wie heißt der Tag vor gestern? Samstag oder Sonntag gehören zum …?
Wie heißt der Monat nach Mai? Das Gegenteil von „immer“ ist …?
Der Winter ist eine …? Wie viele Tage hat eine Woche/ein Jahr?

Vom Schlaraffenland

Kommt, wir wollen uns begeben
jetzo ins Schlaraffenland!
Seht, da ist ein lustig Leben
und das Trauern unbekannt.
Seht, da lässt sich billig zechen
und umsonst recht lustig sein:
Milch und Honig fließt in Bächen,
aus den Felsen quillt der Wein.

Alle Speisen gut geraten,
und das Finden fällt nicht schwer.
Gans und Enten gehn gebraten
überall im Land umher.
Mit dem Messer auf dem Rücken
läuft gebraten jedes Schwein.
O wie ist es zum Entzücken.
Ei, wer möchte dort nicht sein!

Und von Kuchen, Butterwecken
sind die Zweige voll und schwer;
Feigen wachsen in den Hecken,
Ananas im Busch umher.
Keiner darf sich mühn und bücken,
alles stellt von selbst sich ein.
O wie ist es zum Entzücken!
Ei, wer möchte dort nicht sein!

Und die Straßen allerorten,
jeder Weg und jede Bahn
sind gebaut aus Zuckertorten
und Bonbons und Marzipan.
Und von Brezeln sind die Brücken
ausgeführt gar hübsch und fein.
O wie ist es zum Entzücken!
Ei, wer möchte dort nicht sein!

Ja, das mag ein schönes Leben
und ein herrlich Ländchen sein!
Mancher hat sich hinbegeben,
aber keiner kam hinein.
Ja, und habt ihr keine Flügel,
nie gelangt ihr bis ans Tor,
denn es liegt ein breiter Hügel
ganz von Pflaumenmus davor.

A. H. Hoffman von Fallersleben

Aufgaben ⇢ S. 82

Vom dicken fetten Pfannekuchen

Es waren einmal drei alte Weiber, welche gern Pfannekuchen essen wollten. Da gab die erste ein Ei dazu her, die zweite Milch und die dritte Fett und Mehl. Als der dicke fette Pfannekuchen fertig war, richtete er sich in der Pfanne in die Höhe und lief den drei alten Weibern weg und lief immerzu kanntapper, kanntapper in den Wald hinein.

Da begegnete ihm ein **Häschen**, das rief: „Dicker fetter Pfannekuchen, bleib stehn, ich will dich fressen!" Der Pfannekuchen antwortete: „Ich bin drei alten Weibern weggelaufen und soll dir, Häschen Langohr, nicht entwischen?", und er lief kanntapper, kanntapper in den Wald hinein.

Da kam ein **Wolf** angelaufen und rief: „Dicker fetter Pfannekuchen, bleib stehn, ich will dich fressen!" Der Pfannekuchen antwortete: „Ich bin drei alten Weibern weggelaufen, Häschen Langohr und soll dir, Wolf Scharfzahn, nicht entwischen?", und er lief kanntapper, kanntapper in den Wald hinein.

Da kam eine **Ziege** herzugehüpft und rief: „Dicker fetter Pfannekuchen, bleib stehn, ich will dich fressen!" Der Pfannekuchen antwortete: „Ich bin drei alten Weibern weggelaufen, Häschen Langohr, Wolf Scharfzahn und soll dir, Ziege Zottelbart, nicht entwischen?", und er lief kanntapper, kanntapper in den Wald hinein.

Da kam ein **Pferd** herbeigesprungen und rief: „Dicker fetter Pfannekuchen, bleib stehn, ich will dich fressen!" Der Pfannekuchen antwortete: „Ich bin drei alten Weibern weggelaufen, Häschen Langohr, Wolf Scharfzahn, Ziege Zottelbart und soll dir, Pferd Plattfuß, nicht entwischen?", und er lief kanntapper, kanntapper in den Wald hinein.

Da kam eine **Sau** dahergerannt und rief: „Dicker fetter Pfannekuchen, bleib stehn, ich will dich fressen!" Der Pfannekuchen antwortete: „Ich bin drei alten Weibern weggelaufen, Häschen Langohr, Wolf Scharfzahn, Ziege Zottelbart, Pferd Plattfuß und soll dir, Sau Ringelschwanz, nicht entwischen?", und er lief kanntapper, kanntapper in den Wald hinein.

Da kamen **drei Kinder** daher, die hatten keinen Vater und keine Mutter mehr und sprachen: „Lieber Pfannekuchen, bleib stehen! Wir haben noch nichts gegessen den ganzen Tag!" Da sprang der dicke fette Pfannekuchen den Kindern in den Korb und ließ sich von ihnen essen.

Rezept – Gefüllte Pfannkuchen

Zutaten:

250 g Mehl	1/4 l Milch	1 Prise Salz
2 Eier	1/4 l Sprudelwasser	3 Esslöffel Öl

1. Siebe das Mehl in eine Rührschüssel.
2. Gib die Eier, die Milch, das Sprudelwasser und das Salz hinzu.
3. Rühre alles mit einem Rührgerät um, bis der Teig glatt ist.
4. Erhitze einen halben Löffel Öl in einer Pfanne.
5. Gib einen Schöpflöffel Teig ins heiße Fett. Bewege die Pfanne hin und her, damit sich der Teig verteilt. Mit einem Pfannenwender geht das auch.
6. Backe den Pfannkuchen auf beiden Seiten, bis er goldgelb geworden ist. Lass ihn aus der Pfanne auf einen Teller rutschen, belege ihn und rolle ihn auf.

Dazu passt Apfelmus, Zucker, Honig oder Marmelade. Auch mit Schinken oder Käse schmecken die Pfannkuchen prima.

Schon gewusst?

Je nach Region und Land wird der Pfannkuchen unterschiedlich bezeichnet und ist mal süß, mal herzhaft:

- Pfannekuchen
- Eierkuchen
- Eierpuffer
- Flädle
- Om(e)lett
- die Plinse / der Plinz
- Palatschinken
- Crêpe

Aufgaben ⇢ S. 82

HUNGER in der Welt

Etwa eine Milliarde Menschen in der Welt hungern. Das sind zwölfmal so viele Menschen wie in ganz Deutschland leben, wenn man alle Kinder, Jugendlichen, Erwachsenen und Alten in allen Dörfern und allen Städten zusammenzählt. Hunger und Armut haben viele Ursachen: schlechte Ernten, Naturkatastrophen, Kriege, Regierungen, denen es nur um die Macht geht, und Wirtschaftsunternehmen, denen es nur ums Geld geht. Die Menschen sind es, die leiden.

Eine dieser hungernden Menschen ist Siah. Sie lebt in Afrika. Wie ihr Mann und ihre sechs Kinder hat sie auch an diesem Tag einen Schluck Wasser zum Frühstück getrunken und einen Rest Getreidebrei gegessen. Am Nachmittag gibt es Maniokwurzel* und eine dünne Soße. Dieses Essen reicht nicht aus. Deshalb ist Siah schwach und wird schnell müde. Ihre Kinder sind kleiner als andere im selben Alter. Die Menschen sind anfällig für Krankheiten, sie sterben früh.

Die drei Länder Äthiopien, Benin und Mosambik liegen in Afrika. Sie gehören zu den ärmsten Ländern der Erde (**Schaubilder A** und **B**).

*Maniokwurzel: afrikanisches Gemüse, vergleichbar mit Kartoffeln

Vor dem Lesen ⇢ Lesetipp 6, S. 193

Schaubild A zeigt, wie viele von hundert Menschen in den drei Ländern Not leiden, weil sie wenig Geld und wenig Essen haben.
Es fehlt Wasser zum Trinken und zur körperlichen Reinigung, außerdem fehlen Toiletten.

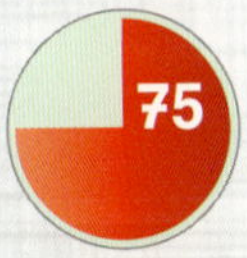

75 von 100 Menschen haben weniger als 1,50 Euro pro Tag.

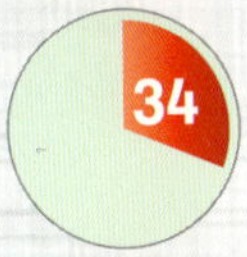

34 von 100 Kleinkindern sind unterernährt.

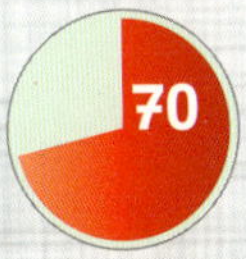

70 von 100 Menschen haben keinen Zugang zu sauberem Wasser.

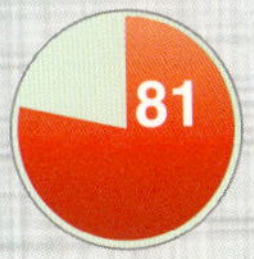

81 von 100 Menschen haben keinen Zugang zu Sanitäranlagen.

Schaubild B zeigt drei Vergleiche zwischen Deutschland (■) und den drei Ländern (■):

- das durchschnittliche Lebensalter
- die Ausgaben für Bildungseinrichtungen (z. B. Schulen, Büchereien, Universitäten)
- die Ausgaben für die Gesundheit der Menschen (z. B. Krankenhäuser)

Lebenserwartung in Jahren

Jährliche Bildungsausgaben je Einwohner

Jährliche Gesundheitsausgaben je Einwohner

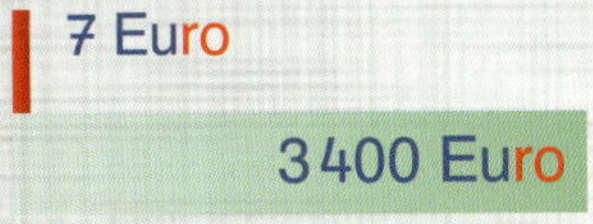

Die Möhre

Otto war mit seinen Geschwistern und seiner Mutter auf der Flucht. Er kam in einen kleinen Ort, wo sie lange suchen mussten, bis sie ein Zimmer fanden, in dem sie wohnen konnten. Da wohnten sie zu fünft fast ein Jahr.

In dem Zimmer gab es keine Betten. So breiteten sie Decken auf dem Boden aus, legten sich darauf, und da sie oft sehr müde waren, schliefen sie gut.

Vom Brot, genauer gesagt, vom Brot, das die Leute nicht hatten, will ich eigentlich erzählen, vom Hunger. Ihr könnt gar nicht wissen, was Hunger ist, wie Hunger ist. Obwohl es auf der Erde noch viele Leute gibt, die immer Hunger haben.

Der Hunger fängt ganz langsam an, macht den Bauch hohl und schwer. Man hat das Gefühl, man sei satt, sehr satt, aber nur eine Weile, dann beginnt der Hunger weh zu tun. Es sind Schmerzen, die überall stecken. In den Beinen wie im Kopf, vor allem im Kopf, denn man weiß – hat man eine Weile Hunger gehabt – nicht mehr, was man vor lauter Hunger tun soll. Hunger macht einen verrückt.

Die Kinder beginnen zu weinen, die Mütter sind hilflos.

Als Otto einmal zwei Tage lang Hunger gehabt hatte, gab ihm seine Mutter einen Schnürsenkel, auf dem er kauen konnte. Das half zwar nicht gegen den Hunger, aber Otto dachte sich aus, was der Schnürsenkel alles sein könnte: ein Stück Fleisch, Brot, Nudeln, was ihm eben einfiel.

In dem Dorf gab es Leute, die nicht hungerten, weil sie Gärten hatten, in denen Gemüse wuchs, oder weil sie Vorräte in ihren Kellern hatten. Bei denen bettelten die Kinder, aber sie bekamen selten etwas; denn für diese Leute waren es fremde Kinder, die von irgendwo hierhergekommen waren.

Der Besitzer des großen Hauses, in dem Otto wohnte, hatte einen solchen Garten. Er lag etwas entfernt vom Haus und war umgeben von einem hohen Stacheldrahtzaun. Radieschen, Kohlrabi, Spinat, Salat und eine große Menge Möhren wuchsen darin.

An einem Abend verließ Otto das Zimmer. Er schlich sich über den Hof – langsam, immer wieder um sich blickend, ob niemand in der Nähe sei – zu dem Garten. Er roch das frische Grün der Karotten. Der Hunger krampfte seinen Bauch zusammen. Er duckte sich und als er im Garten war, legte er sich auf die Erde, zog sich mit den Armen langsam vor bis zu den Möhren. Eine riss er aus der Erde. Es ging leicht. Sie war groß und wunderschön rot.

Die Spucke floss ihm im Mund zusammen. In dem Augenblick, als er sie putzen wollte, packte ihn eine Hand im Nacken, die andere schlug mit furchtbarer Gewalt auf ihn ein. Es war der Hausbesitzer, der ihn anscheinend schon lange verfolgt hatte. Immer wieder schlug ihn der Mann. Am Ende drückte er sein Gesicht in die Erde und schrie: Friss das!

Otto merkte gar nicht, dass er weinte. Er stand auf. Alles tat ihm weh. Er stand vor dem Mann. Der Mann sagte: Ich möchte dich hier nicht noch einmal sehen.

An diesem Abend kam Otto spät und von Schmutz überzogen in das Zimmer zurück. Seine Mutter schimpfte ihn aus. Er sagte nicht, was geschehen war. Er fragte sich nur immerfort, warum ihm der Mann nicht wenigstens die Möhre gegeben hatte, denn der Mann musste wissen, welchen Hunger er hatte.

Das fragt er sich bis heute. Sicher war es Diebstahl. Sicher war es nicht richtig. Aber was hätte Otto tun sollen?

Peter Härtling

Aufgaben ⇢ S. 83

Heute kocht Nele

Nele kam später nach Hause, als sie vorgehabt hatte. Ihre Mutter war schon da und pusselte* im Garten. „Ich bin gleich fertig“, sagte sie. „Dann hau ich uns ein paar Eier in die Pfanne. Bist du sehr hungrig?“ „Mach mal ruhig weiter“, sagte Nele. „Ich koche heute. Nudeln mit echter Tomatensoße.“

Nele machte alles genau so, wie Frau Meyerlink es ihr erklärt hatte. Das war wirklich ein guter Trick mit dem kochenden Wasser, die Haut der Tomaten ließ sich ganz leicht abziehen. Aber hinterher waren sie eklig flutschig, das Kleinschneiden ging gar nicht so einfach. Während die kleinen Stücke mit den Oreganoblättchen im Topf blubberten, kochte Nele die Nudeln. Das konnte sie. Prise Salz ins Kochwasser, schön umrühren, damit sie nicht pappten, abgießen, abspülen, noch mal warm machen, wieder umrühren.

So, und wie viel Butter an die Tomaten? Das ganze Paket? Nee, wohl nicht, oder? Nele probierte es mit kleinen Stücken, rührte, kostete. Salzte. Gab noch ein bisschen Butter dazu. Kostete wieder. Na, Mann, das war ja perfekt! Sie stellte die Platte auf ganz klein und legte den Deckel auf den Topf. „Mama! Essen ist fertig!“, brüllte Nele in den Garten. Dann deckte sie den Tisch, richtig schön, mit Sets und Weingläsern. Neben Mamas Glas stellte sie die angebrochene Rotweinflasche, sich selbst schenkte sie Apfelsaft ein. „Ich wasch mir noch die Hände“, rief ihre Mutter vom Flur.

Nele holte eine Kerze aus dem Wohnzimmer, stellte sie mitten auf den Esstisch und zündete sie an. Die Flamme sah man zwar kaum, weil die Abendsonne mitten auf den Tisch schien, aber schön war's trotzdem. Neles Mutter strahlte, als sie den Tisch sah. „Hey, du wirst ja ein richtiges Hausmütterchen“, sagte sie und gab Nele einen Kuss. „Probier erst mal“, sagte Nele vorsichtig. Sie ging in die Küche und füllte die Teller.

*pusseln: an etwas basteln, sich mit Kleinigkeiten beschäftigen

Grüne Bandnudeln, darauf ein großer Klecks Tomatensoße. Schön sah das aus, wie im *Bella Italia**, wo sie an ganz besonderen Tagen essen gingen. „Hm, wie das duftet!“ Neles Mutter betrachtete ihre Portion beeindruckt. „Na los, probier schon!“, drängelte Nele. Sie selbst wartete und beobachtete ihre Mutter. Die vermanschte Soße und Nudeln, wickelte ein paar auf, pustete, weil es so dampfte und kostete schließlich ganz bedächtig. Schloss die Augen. Lächelte. Öffnete die Augen, groß und dunkelblau. „Wo hast du diese Soße her? Die ist himmlisch!“

Sie haute die Gabel in die Nudeln und langte gierig zu. „Ist das was Neues? Wieso habe ich das nicht entdeckt?“ „Mama, die kann man nicht kaufen“, sagte Nele. „Die ist echt, verstehst du?“ Neles Mutter schüttelte den Kopf. „Nö“, sagte sie mit vollem Mund. „Na, echt eben! Aus richtigen Tomaten! Und mit frischem Oregano“, sagte Nele. „Und selber gekocht.“ „Wie??“ Ihrer Mutter kullerten fast die Augen aus dem Kopf. „Hast du prima gemacht, Süße!“, sagte sie bewundernd. Und Nele wurde es ganz warm vor Stolz.

Sabine Neuffer

Aufgaben ⇢ S. 83

*Bella Italia: italienisch für „schönes Italien“, hier: der Name eines Restaurants

• Haferflockensuppe

Zutaten:

- 1 Liter Milch
- 12 Teelöffel Haferflocken
- 4 Teelöffel Zucker
- Kakaopulver
- Zucker
- Zimt

Zubereitung:

1. Mache die Milch warm.
2. Gib den Zucker und die Haferflocken hinzu.
3. Lass alles kurz kochen.
4. Fülle die Suppe in einen Teller.
5. Bestreue die Suppe mit Zimt und Zucker oder Kakaopulver.

•• Kürbiscremesuppe

Zutaten:

- 800 g Kürbisfleisch
- 1 große Zwiebel
- 1 l Gemüsebrühe
- etwas Öl
- 200 ml Sahne
- 200 g Schmand
- Salz, Pfeffer

Zubereitung:

1. Schneide das Kürbisfleisch in grobe Würfel.
2. Schäle die Zwiebel und schneide sie klein.
3. Brate die Zwiebel in dem Öl, bis sie fast durchsichtig wird.
4. Gib dann das Kürbisfleisch und die Brühe in den Topf. Lass alles 20 Minuten lang bei kleiner Hitze kochen.
5. Nimm nun den Topf vom Herd und püriere die Suppe.
6. Rühre zum Schluss die Sahne und den Schmand hinein. Schmecke mit Salz und Pfeffer ab.

••• Borschtsch

Borschtsch ist eine Suppe aus Osteuropa, die Rote Beete enthält. Das Rezept gibt es in vielen verschiedenen Varianten.

Zutaten:

- 500 g Rote Beete
- ½ Bund Dill
- 1 kleine Zwiebel
- 500 g Weißkohl
- 500 g Kartoffeln
- 2 Esslöffel Öl
- 1 ½ l Gemüsebrühe
- 3 Möhren
- 1 Stange Lauch
- etwas Zucker
- etwas Essig
- Salz, Pfeffer
- 1 Becher Schmand

Zubereitung:

1. Schneide das Gemüse klein. Hacke den Dill fein. Benutze für das Schneiden der Roten Beete Handschuhe. Der Saft ist stark färbend.
2. Dünste die Zwiebeln, den Kohl, die Rote Beete und die Kartoffeln mit etwas Öl in einem großen Topf an.
3. Füge die Brühe hinzu und warte, bis alles kocht. Lass dann alles 15 Minuten lang köcheln (bei kleiner Hitze kochen).
4. Füge die Möhren und den Lauch hinzu und lass alles noch mal 15 Minuten lang kochen.
5. Schmecke die Suppe mit etwas Zucker, Essig, Salz und Pfeffer ab.
6. Richte den Borschtsch auf einem Teller mit einem Klecks Schmand und etwas gehacktem Dill an.

Reiche dazu frisches Weißbrot.

Guten Appetit!

Stelle dir folgende Fragen und schreibe in dein Lerntagebuch:

- Wie schätze ich mich beim Lesen ein? Male ☺ 😐 ☹.
- Welches Rezept konnte ich flüssig lesen? Wem lese ich das Rezept vor?
- Welches Rezept habe ich gut verstanden? Worum geht es darin?
- Welche schwierigen Wörter oder Textstellen möchte ich noch üben?

Hast du Lust, eines der Rezepte nachzukochen?
Lass dir von einem Erwachsenen helfen.

Du kannst dein Lerntagebuch ⇢ S. 197 für deine Lernerfahrungen nutzen.

Vom Schlaraffenland, S. 70/71

1. Bildet 5er-Gruppen und lest das Gedicht der Klasse so vor, dass es wie eine Werbung für das Schlaraffenland klingt.
2. Würdest du gerne im Schlaraffenland sein? Warum? Warum nicht? Begründe deine Meinung.

Vom dicken fetten Pfannekuchen, S. 72/73

1. „Er lief kanntapper, kanntapper in den Wald hinein." Überlege mit einem Partner, was mit „kanntapper" gemeint ist. Achtet auch auf die Bilder (Lesetipp 5 ⇢ S. 192).
2. Erkläre die Namen der Tiere in der Reihenfolge wie im Text. Das Häschen heißt Langohr, weil ...
3. Warum lässt sich der Pfannekuchen von den Kindern essen?
4. Spielt den Text mit verteilten Rollen (⇢ S. 202). Überlegt, wie ihr die Rollen lebendig spielen könnt.
5. Pfannkuchen und viele andere Lebensmittel werden je nach Region unterschiedlich bezeichnet. Kennt ihr hierfür weitere Beispiele?

Hunger in der Welt, S. 74/75

Tipp 6

Lesetipp 6 – Eigene Kenntnisse einbringen (siehe auch ⇢ S. 193)
Was weißt du über das Thema? Hast du eigene Erfahrungen? Bringe dein Wissen zu einem Thema ein: aus Büchern, Fernsehen, Berichten, Internetseiten und Erzählungen. Sprich in der Klasse darüber. Deine Kenntnisse nutzen dir und auch deinen Mitschülern.

1. a) Lies den Text auf S. 74. Welche Lesetipps helfen dir dabei?
   b) Überlege dir mit einem Partner Fragen, die der Text beantwortet.
   c) Stellt euch in der Klasse gegenseitig eure Fragen und beantwortet sie.

Hunger in der Welt, S. 74/75 (Fortsetzung)

2. Schaue dir mit einem Partner das **Schaubild A** an und lies die Texte. Klärt erst schwierige Wörter. Überlegt euch dann, was die Zahlen bedeuten:
   - Warum ist es schlimm, wenig Geld zu haben?
   - Warum ist sauberes Wasser wichtig?
   - Was sind Sanitäranlagen und warum sind sie wichtig?

3. Schaue dir mit einem Partner das **Schaubild B** an und vergleicht die Angaben zu Deutschland und den drei Ländern in Afrika.

Die Möhre, S. 76/77

1. Wie ergeht es Otto und seiner Familie?

2. In welchem Abschnitt wird beschrieben, was der Hunger macht? Nenne die Textzeilen.

3. Was macht der Hausbesitzer mit Otto? Warum macht er das? Was meinst du dazu? Begründe deine Meinung.

4. Diese Geschichte ereignete sich nach dem Zweiten Weltkrieg. Viele Menschen hatten ihre Heimat verloren und waren auf der Flucht. Weißt du etwas davon (Lesetipp 6 ⇢ S. 193)?

5. Wo sind heute Menschen auf der Flucht und haben Hunger? Informiere dich im Internet oder höre/schaue Nachrichten.

Heute kocht Nele, S. 78/79

1. Von wem hat Nele das Rezept für die Tomatensoße? Was gehört alles dazu? Wie wird sie zubereitet?

2. Bei diesem Essen soll alles so schön sein wie im Restaurant *Bella Italia*. Was bereitet Nele dafür vor?

3. Gestaltet von Hand oder mit dem Computer ein Klassenkochbuch. Jeder bringt ein Rezept mit, das in der Familie gerne gekocht wird. Vielleicht könnt ihr einige Rezepte auch mal zusammen ausprobieren.

Die Heinzelmännchen

Vor langer Zeit gab es in der Stadt Köln kleine Männlein, die Heinzelmännchen genannt wurden. Sie halfen den Handwerkern bei der Arbeit – und sie taten es immer heimlich.

Die Leute waren sehr froh über ihre unsichtbaren Helfer. Wenn diese oder jene Arbeit der Menschen am Abend nicht fertig wurde, machten sie sich keine Sorgen. Über Nacht taten die Heinzelmännchen eifrig und emsig alles, was noch zu tun war.

Dem Bäcker buken sie das Brot, dem Fleischer hackten sie die Schnitzel und stopften die Würste, für den Zimmermann sägten und hämmerten sie beim Hausbau. Und auch im Haushalt wuschen, putzten und polierten sie, dass die Mägde vor Freude strahlten.

Eines Tages bestellte der Bürgermeister beim Schneidermeister einen Mantel. Schon am nächsten Morgen wollte er ihn haben.

Der Schneider arbeitete bis spät in die Nacht daran, schlief aber doch ein, bevor der Mantel fertig war. Da kamen die Heinzelmännchen, sie schnitten, nähten und bügelten.

Am Morgen lag der neue Mantel für den Bürgermeister bereit. Das machte die Frau des Schneiders neugierig. Waren das Geister? Waren das Zwerge? Sie bat ihren Mann, ein unfertiges Kleidungsstück am Abend in der Nähstube liegen zu lassen. Als der Mann schlief, streute sie getrocknete Erbsen auf die Treppe, versteckte sich und lauschte. Kurz nach Mitternacht hörte sie trippelnde Schrittchen, dann ein Stolpern und Rutschen, dann zorniges Schimpfen und Fluchen. Sie eilte zur Treppe, doch sie kam zu spät. Die entrüsteten Heinzelmännchen waren schon verschwunden. Und sie kamen auch nie wieder bis zum heutigen Tag.

Die Kölner haben zur Erinnerung an ihre Heinzelmännchen einen Brunnen gebaut. Es ist der „Heinzelmännchenbrunnen“ in der Kölner Altstadt.

Aufgaben ⇢ S. 98

Zimmerer

Ein Beruf mit Tradition und ...

Zimmerer oder Zimmermann ist einer der ältesten Berufe. Schon vor 4000 Jahren wurden Blockhäuser aus Holz gebaut. Vor 600 Jahren errichteten die Zimmerer kunstvolle Fachwerkhäuser. Zu dieser Zeit gründeten die Handwerker ihre **„Zünfte“**. Sie gaben sich Regeln für die Arbeit, die Ausbildung der Lehrlinge und für ihre Berufskleidung.

Diese Zünfte gibt es heute nicht mehr. Die Holzbearbeitung hat sich durch die modernen Maschinen stark verändert. Auch Frauen üben das Zimmererhandwerk aus.

Trotzdem sind einige Bräuche der Zimmerer bis heute erhalten geblieben. Der bekannteste ist die **„Walz“**. Die jungen Zimmerleute wandern oder reisen durch Europa und die ganze Welt, um in verschiedenen Zimmerei-Betrieben zu arbeiten. Sie bilden sich weiter und sammeln Erfahrungen.

Auf der Walz tragen die Zimmerer ihre traditionelle **„Kluft“**. Diese besteht aus

- einem breitkrempigen **Schlapphut oder Zylinder**,
- einem schwarzen **Samtanzug**,
- einem **weißen Hemd** ohne Kragen
- und **schwarzen Schuhen**.

Ein **Ohrring** im linken Ohr und die **Zunft-Uhrkette** mit den Wappen der Städte, in denen die Zimmerleute auf der Walz gearbeitet haben, gehören dazu.

... mit Zukunft

Die Bauernhäuser im Alpenvorland wurden meistens mit einem Erdgeschoss aus Steinen aufgebaut. Steine als Baumaterial waren sehr teuer. Holz gab es aber genug in dieser waldreichen Landschaft. Deshalb wurden die oberen Stockwerke und das Dach aus Holz gebaut.

Hier entsteht ein Fachwerkhaus. Jeder Balken muss genau zugeschnitten sein, damit er an seine Stelle passt – nicht zu kurz und nicht zu lang. Maurer füllen die freien Flächen zwischen den Balken mit Mauerwerk aus.

In modernen Zimmereibetrieben werden die Balken und Holzwände automatisch zugeschnitten. Roboterarme bewegen die schweren Balken, ein Computer steuert die Maschine. Der Zimmerer überwacht den Zuschnitt.

Die Zimmerer sind mit ihrer Arbeit an einem neuen Haus fertig, wenn die Dachbalken gesetzt sind. Das wird gefeiert. Der Zimmerer wünscht beim Richtfest dem Haus und seinen Bewohnern alles Gute.

Aufgaben → S. 98

Der Brief

Familie Tosch lebte glücklich und zufrieden in einer Altbauwohnung mitten in der Stadt. Vater Tosch hieß mit Vornamen Hubert, aber alle nannten ihn Schubert, weil er mit Vorliebe zwei verschiedene Schuhe trug. Er behauptete, das bringe ihm Glück. Mutter Tosch hieß Olli und wurde auch von allen so gerufen. Ihrem einzigen Sohn hatten sie den Namen Oskar gegeben. Er hörte darauf, wenn er hören wollte.

Es war an einem Samstagmorgen. Sie hatten gerade gemütlich gefrühstückt. Wie immer, wenn Schubert nicht zur Arbeit musste. Und das geschah selten genug. Da er nämlich Busfahrer bei den städtischen Verkehrsbetrieben war, hatte er oft auch an Wochenenden Dienst. Olli hatte ihren Mann gebeten, sich versetzen zu lassen, damit sie mehr Zeit füreinander hätten. Aber Schubert konnte nur mit den Schultern zucken und darauf hinweisen, er habe einen guten Arbeitsplatz, um den ihn sogar einige seiner Freunde beneiden würden.

Während Oskar zufrieden die Beine baumeln ließ und Schubert nach der Morgenzeitung griff, begann Olli den Tisch abzuräumen. „Ach Oskar, geh doch mal zum Briefkasten und sieh nach, ob wir Post haben“, sagte Schubert. Oskar zögerte. „Und wann kriege ich endlich mein neues Fahrrad?“ „Was hat das Fahrrad mit dem Briefkasten zu tun?“ „Nichts.“ „Na also.“ „Aber ich will es trotzdem wissen!“ „Du kriegst ein neues Fahrrad, ich hab’s dir ja versprochen.“ „Wann?“ „Du lässt nicht locker, was? Also gut, nächste Woche.“

Oskar rannte zur Wohnungstür hinaus. Seine Füße bekamen Flügel, so leicht trugen sie ihn die Treppe hinunter zum Briefkasten. Endlich war alles klar, nächste Woche würde er ein neues Fahrrad bekommen. Schon sah er sich über die Goethestraße fahren. Sein Vater überholte ihn mit dem Bus der Linie 3. Oskar trat kräftig in die Pedale und erkämpfte sich einen leichten Vorsprung. Dann stolperte er mit einem Brief in die Küche.

„Ein Brief? Von wem?“ „Von Tante Erna?“ „Von den Stadtwerken!“, sagte Schubert. „Was die wohl wollen?“

„Eine Gehaltserhöhung.“ Olli trocknete eine Tasse ab.

„Schön wär’s!“

Schubert öffnete den Brief und begann zu lesen. Er schien nicht zu verstehen, was da geschrieben stand. Schließlich starrte er ungläubig auf das Stück Papier in seiner Hand und rang nach Worten.

„Ich kann’s einfach nicht glauben.“

Olli sah Schubert an und legte ihre Hand auf seine Schulter: „Was ist denn?“

„Sie haben mir gekündigt.“

Olli wurde blass. „Du nimmst mich auf den Arm.“

„Nein.“

„Wieso sollen sie dir kündigen?“

„Was ich schon lange vermutet habe, die Linie wird eingestellt. Da fährt ja jetzt die U-Bahn.“

„Aber die Waschmaschine ist doch noch nicht abbezahlt.“

Oskar lief es heiß den Rücken herunter. Und was ist mit meinem Fahrrad?, dachte er.

Olli fing sich schnell wieder und schloss Schubert in die Arme. Sie arbeitete in einem Büro und verdiente nicht schlecht. Aber würde das Geld für die ganze Familie reichen?

Wilfrid Grote

Aufgaben ⇢ S. 99

Samira Bologna

– eine junge Fußball-Schiedsrichterin

Kinder befragen Samira Bologna aus Seelbach bei Lahr im Schwarzwald. Samira ist 19 Jahre alt und seit 5 Jahren Schiedsrichterin.

Weshalb wolltest du Schiedsrichterin werden?
Mein Vater und meine Brüder sind Fußballer, da wurde ich einfach mitgezogen. Ihre Begeisterung hat mich angesteckt. Aber ich konnte bei ihnen nicht mitspielen, außer als Schiedsrichterin. Und das wollte ich. Mein Vater unterstützte mich.

Schiedsrichterin werden – wie geht das?
In mehreren Kursen lernt man alle Fußball-Regeln und was ein Schiedsrichter sonst noch beachten muss: das Spielfeld, den Ball, die Schuhe und weiteres mehr. Danach gibt es eine schriftliche Prüfung. Außerdem wird noch geprüft, wie fit man im Laufen ist – Kurzstrecke und Ausdauer. Erst wenn man auch diesen Test besteht, kann man Schiedsrichter sein. Wer Spiele in den höheren Fußball-Ligen leiten will, vielleicht sogar in der Bundesliga, der geht immer wieder auf Schulungen des Deutschen Fußball-Bundes, des DFB. In diesen Spielklassen wird schnell gespielt, der Schiedsrichter muss also besonders fit sein. Deshalb trainiere ich regelmäßig, auch bei schlechtem Wetter.

Was gefällt dir jetzt daran, Schiedsrichterin zu sein?
Ich treibe gern Sport, und das kann ich als Schiedsrichterin. Außerdem komme ich viel herum: Ich reise durch ganz Deutschland und lerne viele Menschen und Städte kennen. Auf dem Spielfeld muss ich schnelle Entscheidungen treffen und sie auch durchsetzen. Das ist nicht immer leicht. All diese Erfahrungen sind aber ein Gewinn für mich. Früher war ich eher etwas schüchtern und ein wenig unsicher, jetzt bin ich es nicht mehr. So sagen es auch meine Freunde.

Wie beschäftigt bist du im Jahr mit diesem Amt?

Jeden Monat leite ich fünf bis sechs Spiele – pro Wochenende also mindestens eines. Ich achte darauf, dass ich meine Familie, meine Freunde und das Studium nicht vernachlässige.

Welche Spiele „pfeifst" du besonders gern? Warum?

Zurzeit bin ich Schiedsrichterassistentin in der zweiten Bundesliga der Frauen und Schiedsrichterin in der Verbandsliga der Männer. Diese Spiele leite ich lieber, denn die sportliche Herausforderung für mich ist höher. Die Männer spielen schneller und härter. Mein Ziel ist es, Schiedsrichterin in der ersten Bundesliga zu werden.

Was ist besonders schwer für dich?

Auf dem Spielfeld muss ich immer ruhig und gelassen bleiben, auch wenn ein Spieler protestiert oder Zuschauer schimpfen. Das ist manchmal nicht leicht. Aber ich entscheide unparteiisch und nach den Regeln. Wenn mir jedoch eine Fehlentscheidung passiert und deshalb ein Spiel gewonnen oder gar verloren wird, dann geht mir das tagelang nicht aus dem Kopf. Das ist schwer.

Gibt es ein besonders lustiges Erlebnis, das du bei deiner Tätigkeit hattest?

Ja, einmal stand ich zu Spielbeginn am Anstoßkreis, links und rechts von mir die Assistenten und beide Mannschaften. Plötzlich merkte ich, dass ich vor lauter Aufregung meine Pfeife vergessen hatte. Die Pfeife!!! Zum Glück hatte mein Assistent eine Ersatzpfeife und half mir aus der „Patsche". In diesem Moment war das gar nicht lustig, aber später konnte ich darüber lachen.

Samira Bologna, wir danken dir für das Gespräch.

Aufgaben ⇢ S. 99

Tierpflegerin

Für einen Tag

Caroline liebt Tiere über alles, besonders Robben. Sie hat eine Jahreskarte und verbringt die Nachmittage so oft wie möglich im Zoo. Sie träumt davon, als Tierpflegerin ihre Lieblinge den ganzen Tag um sich zu haben.

Eines Abends, Caroline hatte den Nachmittag bei den Robben zugebracht, bedrängte sie ihre Eltern: „Papa, Mama, ich kann einen ganzen Tag lang die Robben besuchen. Ihr müsst mich nur für das Programm ‚Mein Tag im Zoo‘ anmelden.“
An ihrem Geburtstag lag ein Brief der Zooverwaltung mit der Anmeldebestätigung auf dem Frühstückstisch, außerdem ein Merkblatt mit folgenden Hinweisen: „Bitte unbedingt rutschfeste Gummistiefel anziehen, lange Hosen tragen und Haushaltsgummihandschuhe mitbringen. Die Anweisungen des Pflegepersonals sind zu befolgen.“ Caroline jubelte.

Endlich war es so weit. Caroline fuhr mit der Straßenbahn zum Zoo und meldete sich pünktlich um 08:00 Uhr am Eingang. Die Robben-Pflegerin Sofie erwartete sie schon: „Guten Morgen, Caroline, du wirst mich heute zu den Robben begleiten. Willst du richtig mitarbeiten?“ Natürlich wollte Caroline das.

Sofie erklärte: „Zuerst reinigen wir das Außengehege.“ Sie spritzte mit einem Wasserschlauch den Betonboden ab. Caroline entfernte mit einem Besen die getrockneten Kotreste. Das war sehr anstrengend. Dann öffnete Sofie die Türen der Innenkäfige. Fünf Robben sprangen sofort in das große Wasserbecken. An Land wirkten sie tollpatschig, im Wasser dagegen waren sie in ihrem Element. Schnaubend holte eine gerade in der einen Ecke Luft, gleich darauf tauchte sie auf der gegenüberliegenden Seite wieder auf. Caroline verfolgte gebannt die eleganten Bewegungen der Tiere.

Sofie ging schon weiter: „Caroline, komm, wir gehen in die Futterküche.“ Die eingefrorenen Futterfische für den heutigen Tag waren schon aufgetaut. Wie gut, dass Caroline die Gummihandschuhe nicht vergessen hatte. Die Fische wurden in Eimer verteilt. Auf der Besucherseite des Beckens hatten sich schon Kinder und Erwachsene versammelt, um die Tiere beim Füttern zu beobachten.

Caroline durfte bei der Schaufütterung die Eimer für Sofie bereithalten, aber – laut Sicherheitsvorschrift – die Tiere nicht selbst mit der Hand füttern. Sie war anfangs ein wenig ängstlich, dann aber stolz und glücklich, „ihre“ Robben so nah zu erleben. Sie wirbelten wie wild durch das Becken, um die Fische zu erhaschen, die Sofie mal in die eine, mal in die andere Richtung warf. Nach der Mittagspause stand das Training des Robben-Nachwuchses auf dem Plan. Nelly lernte „Pfötchen geben“ und wurde mit einem Fisch belohnt. Sofie erklärte: „Es ist wichtig, dass Nelly sich von mir berühren lässt. Nur so können wir sie versorgen, wenn sie einmal krank ist.“ Nelly gefiel das Training so gut, dass sie die Übungen auch durchführte, als Carolines Fischeimer schon längst leer war.

Am Ende des Tages war Caroline erschöpft, aber glücklich. Sie sagte zu Papa, der sie mit dem Auto abholte: „Tierpfleger ist ein sehr schöner, aber auch anstrengender Beruf.“

Fütterungen

10:00 Uhr	Humboldpinguine Anakondas	täglich außer Fr. Do. und So.	April bis Oktober Mai bis Oktober
11:00 Uhr	Königspinguine Robben	täglich außer Fr. täglich	 April bis Oktober
11:30 Uhr	Pelikane	täglich	April bis Oktober
12:45 Uhr	Tiger	täglich außer Di. und Fr.	
13:30 Uhr	Schimpansen, Gorillas	täglich	April bis Oktober
13:45 Uhr	Löwen	täglich außer Di. und Fr.	
14:00 Uhr	Schimpansen, Gorillas	täglich	November bis März
15:00 Uhr	Aquarium I	Mi. und Sa.	
15:30 Uhr	Aquarium II Pelikane	täglich täglich	Oktober bis März April bis Oktober
16:15 Uhr	Paviane	täglich	April bis September

Aufgaben ⇢ S. 100

KOCH – ein vielseitiger Beruf

Köche und Köchinnen stehen nicht nur in Restaurants am Herd und braten Steaks oder kochen Suppe.

Der Beruf umfasst viel mehr:

- Ein Koch muss die Speisekarte zusammenstellen: Was kann man in der Gaststätte alles zu essen bestellen?
- Er muss die Zutaten bei einem Lieferanten bestellen und wissen, wie viel er braucht. Bestellt er zu wenig, kann er Gäste nicht bedienen. Bestellt er zu viel, verderben die Lebensmittel.
- Nach dem Kochen muss er die Küche auch aufräumen und putzen.

Die Arbeit eines Kochs ist sehr anstrengend, aber auch vielseitig. Es ist also kein Wunder, dass viele Jugendliche den Beruf ergreifen.

	Sprache	Wort	Aussprache
	deutsch	Koch	
	englisch	cook	kuck
	französisch	cuisinier	kwi-sin-je
	portugiesisch	cozinheiro	ku-si-njey-ru
	dänisch	kok	kock
	japanisch	コック	Ko-kü

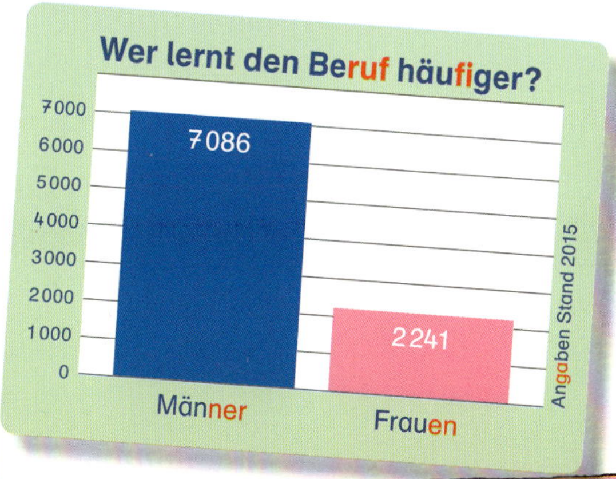

Aufgaben ⇢ S. 101

• Christian, der TAXIfahrer

Christian fährt gerne Taxi. Manchmal fährt er behinderte Kinder in die Schule. An anderen Tagen steht er am Bahnhof und wartet auf Fahrgäste. Viele Menschen reden während der Fahrt gerne mit ihm. Sie erzählen ihm von ihrem Leben oder ihren Sorgen. Manchen kann Christian dann einen guten Rat geben. Er hilft seinen Fahrgästen auch beim Einsteigen oder mit dem Gepäck.

•• Christian, der TAXIfahrer

Christian fährt gerne Taxi. Manchmal fährt er behinderte Kinder in die Schule. An anderen Tagen steht er am Bahnhof und wartet auf Fahrgäste. Viele Menschen reden während der Fahrt gerne mit ihm. Sie erzählen ihm oft von ihrem Leben oder worüber sie sich Sorgen machen. Manchen kann Christian dann einen guten Rat geben. Er hilft seinen Fahrgästen auch beim Einsteigen oder mit dem Gepäck. Das fällt ihm wegen seiner eigenen Gehbehinderung aber nicht leicht. Einmal war Christian für eine Kundin im Supermarkt. Er hat Tomatensoße für sie gekauft. Die Soße war dann sehr teuer. Die Fahrt musste die Frau ja auch bezahlen. Aber die Kundin war glücklich und Christian hatte eine interessante Fahrt.

●●● Christian, der TAXIfahrer

Christian fährt gerne Taxi. Morgens macht er oft Schulfahrten: Dafür holt er behinderte Kinder zu Hause ab und bringt sie in die Schule. Er steht auch am Bahnhof und wartet auf Reisende, die ein Taxi brauchen. Viele Menschen reden während der Fahrt gerne mit ihm. Sie erzählen ihm oft von ihrem Leben, warum sie sich ein Taxi nehmen oder worüber sie sich Sorgen machen. Manchen kann Christian dann einen guten Rat geben.

Er hilft seinen Fahrgästen auch beim Einsteigen oder mit dem Gepäck – auch wenn es ihm wegen seiner eigenen Gehbehinderung nicht leicht fällt. Die meisten Gäste verstauen ihre Koffer aber ohnehin lieber selbst im Kofferraum.

Um Taxifahrer zu werden, muss man nicht nur einen Führerschein haben. Es gibt auch einen Gesundheitstest, einen Reaktionstest und einen Sehtest. Außerdem wird man darin geprüft, ob man alle Straßen in der Stadt kennt. Je nachdem wie groß die Stadt ist, kann der Test lange dauern und sehr schwierig sein.

Als Taxifahrer erlebt man an manchen Tagen auch verrückte Dinge: Einmal hat eine Kundin angerufen und gefragt, ob Christian ihr ein Glas Tomatensoße vorbeibringen kann. Da ist Christian in den Supermarkt gefahren und hat für die Dame eingekauft. Die Soße hat dann 18 Euro gekostet, denn die Frau musste die Fahrt natürlich auch bezahlen. Aber die Kundin war glücklich und Christian hatte eine interessante Fahrt.

Stelle dir folgende Fragen und schreibe in dein Lerntagebuch:

- Wie schätze ich mich beim Lesen ein? Male ☺ 😐 ☹.
- Welchen Text konnte ich flüssig lesen? Wem lese ich den Text vor?
- Welchen Text habe ich gut verstanden? Worum geht es darin?
- Welche schwierigen Wörter oder Textstellen möchte ich noch üben?

Du kannst dein Lerntagebuch ⇢ S. 197 für deine Lernerfahrungen nutzen.

Die Heinzelmännchen, S. 84/85

1. Wem halfen die Heinzelmännchen in Köln und wie taten sie es?
2. Warum arbeitete der Schneidermeister bis spät in die Nacht?
3. Die Frau des Schneiders wollte hinter das Geheimnis der Helfer kommen. Was hat sie unternommen?

4. Vergleiche die Sage der Heinzelmännchen mit der Sage der bayerischen Schrazen: Was ist gleich, was ist anders? Arbeite mit einem Partner.

Die Schrazen

Vor langer Zeit gab es in Bayern Kobolde – auch Schrazen genannt. Diese waren hilfsbereite Hausgeister, die im Haushalt halfen, sich dabei aber nicht beobachten lassen wollten. Jedes Jahr stellte man ihnen in der Heiligen Nacht als Dankeschön etwas zu essen hin. In einem Jahr wollte eine Bauersfrau den Schrazen etwas Besonderes schenken und nähte ihnen neue Kleidung. Als die Schrazen das sahen, freuten sie sich sehr. Sie riefen: „Endlich haben wir unseren Lohn und wir können weg!“ Denn es war so, dass die Schrazen erst dann einen Ort verlassen durften, wenn man ihnen Kleidung schenkte. Ab dieser Nacht hatte man die Schrazen nie wieder gesehen.

Zimmerer – ein Beruf mit Tradition und Zukunft, S. 86/87

1. Finde Überschriften zu den einzelnen Textabschnitten. Denke auch an Lesetipp 5 ⇢ S. 192 und achte auf die Bilder. Arbeite mit einem Partner.

2. Erkläre die Begriffe „Zünfte“, „Walz“ und „Kluft“.
3. Lies noch einmal die Zeilen 12–26 und male einen Zimmerer, der auf der Walz ist. Du kannst dir als Hilfe auch Bilder von ihm in Büchern oder im Internet anschauen.
4. Junge Zimmerleute gehen auf die Walz, um Erfahrungen zu sammeln und in verschiedenen Betrieben zu arbeiten. Findet ihr das sinnvoll?

Der Brief, S. 88/89

1. Am Anfang der Geschichte fühlt sich Familie Tosch (Schubert, Olli und Oskar) glücklich und zufrieden. Nenne Gründe.

2. Schubert erhält einen Brief von den Stadtwerken. Was steht darin?

3. Was bedeutet diese Mitteilung für die Familie? Sprecht darüber.

4. Wie könnte die Geschichte weitergehen? Was wird wohl aus Oskars neuem Fahrrad? Tauscht eure Gedanken in der Klasse aus.

5. Familie Tosch setzt sich am Tisch zusammen und versucht, eine Lösung für die neue Situation zu finden.

   Bildet 3er-Gruppen und spielt das Familiengespräch:
   Was geht Oskar, Schubert und Olli durch den Kopf?
   Wie fühlen sie sich? Zu welcher Lösung kommt die Familie?
   Bringt die Kündigung vielleicht sogar unerwartet Chancen mit sich?

6. Stellt euren Lösungsvorschlag für Familie Tosch in der Klasse vor. Welche Idee gefällt euch am besten? Begründet eure Meinung.

Samira Bologna ..., S. 90/91

1. a) Lies den Text. Denke auch an Lesetipp 1 ⇢ S. 190.
   b) Suche dir mit einem Partner eine Frage aus und finde die Antwort.
      - Warum wurde Samira Bologna Schiedsrichterin? (Zeile 5–8)
      - Was lernt man in den Schiedsrichterkursen? (Zeile 10–12)
      - Was wird in den Schiedsrichterkursen geprüft? (Zeile 12–15)
      - Warum ist Samira Bologna gerne Schiedsrichterin? (Zeile 22–28)
      - Was will sie als Schiedsrichterin erreichen? (Zeile 34–38)
      - Wie verhält sie sich bei Entscheidungen? (Zeile 40–45)
   c) Tragt in der Klasse die Antworten zusammen.

2. Vielleicht hat es dich überrascht, dass Frau Bologna sich so für Fußball interessiert. Kennst du jemanden, der auch einen ungewöhnlichen Beruf hat, zum Beispiel eine Feuerwehrfrau, einen Floristen, eine Kfz-Mechanikerin ...? Erzähle.

3. Führe selbst ein Interview (Fachwörter-Lexikon ⇢ S. 206) an deiner Schule durch. Was musst du dabei beachten?

Tierpflegerin für einen Tag, S. 92–94

1. Caroline schreibt am Abend nach ihrem Tag als Tierpflegerin in ihr Tagebuch. Schreibe diesen Eintrag ins Heft.
   Arbeite mit einem Partner. Diese Fragen können euch dabei helfen:
   - Bei welchen Tieren war Caroline?
   - Wer hat ihr geholfen?
   - Was hat sie als Tierpflegerin getan?
   - Hat Caroline der Tag als Tierpflegerin gefallen?

2. Stellt eure Tagebucheinträge in der Klasse vor und bewertet die Vorträge.

Die Partner	sprechen deutlich	mit lebendigem Ausdruck	tragen flüssig vor	haben Blickkontakt mit den Zuhörern	Summe
Zara und Merlin	😊 😊 ☺	😊 😊 😊	😊 ☺ ☺	😊 😊 ☺	8
Hannes und Murat	😊 😊 😊	😊 😊 ☺	😊 😊 😊	😊 😊 😊	11

3. a) Schaue dir die Schilder auf S. 93 und 94 an.
   b) Finde mit einem Partner Fragen, die mithilfe der Tabellen zu beantworten sind, zum Beispiel:
   - Wann beginnt die Flossenparade?
   - Wie lange dauert der Tierspaziergang?
   - Werden Paviane und Pelikane gleichzeitig gefüttert?

   c) Stellt euch in der Klasse gegenseitig die Fragen.

4. Im Radio wird den Hörern das Programm „Mein Tag im Zoo“ vorgestellt. Caroline wird eingeladen und darf von ihrem Tag an der Seite der Tierpflegerin erzählen. Der Reporter stellt ihr mehrere Fragen.

   Spielt das Interview (Fachwörter-Lexikon ⇢ S. 206) zu zweit nach. Einer stellt Fragen, der andere antwortet. Ihr könnt die Fragen von Aufgabe 1 und Carolines Tagebucheintrag zur Hilfe nehmen.

5. Ist es euch leicht gefallen, das Interview nachzustellen? Worauf ist beim Sprechen zu achten? Welche Tipps könnt ihr den anderen geben?

Koch – ein vielseitiger Beruf, S. 95

1. Was muss ein Koch, eine Köchin alles machen?
   Lies den Text und gib ihn mit eigenen Worten wieder.
2. Schaut euch das Diagramm an. Überrascht es euch, dass mehr Männer als Frauen den Beruf Koch ergreifen?
3. Auf S. 95 oben findest du „Konkrete Poesie“ zum Beruf Koch. Erstelle ein eigenes Beispiel zu einem Beruf – entweder in einer gut lesbaren Handschrift oder mit dem Computer.
4. Das Wort „Koch“ gibt es in vielen Sprachen.
   Schaut euch die Beispiele an und vergleicht sie miteinander.
   In welchen Sprachen ist das Wort sich ähnlich? Versucht, das Wort in allen Sprachen auszusprechen. Die Spalte „Aussprache“ hilft euch.
5. Koch / Köchin ist für viele ein Traumberuf. Aber welchen Beruf wünschen sich Jungen und Mädchen jeweils am häufigsten?

Mädchen:
1. Tierärztin
2. Lehrerin
3. Ärztin
4. Sängerin
5. Krankenschwester

Jungen:
1. Fußballer
2. Polizist
3. Pilot
4. Feuerwehrmann
5. Ingenieur

Erklärt euch gegenseitig, was man jeweils in diesem Beruf macht.

6. Erstellt in der Klasse eine eigene Hitliste mit euren Traumberufen.

Fantasieberufe

Lies abwechslungsreich – mal laut, mal leise, mal schnell, mal langsam.
Erfinde weitere Fantasieberufe und lies sie auf unterschiedliche Art vor.

Wasserrutschenerfinder
Tierporträtfotograf
Schokoladengeschmackskomponist
Brettspielentwickler
Baumhausarchitekt

„Wie das Auto auf die Straße kam“ oder „Die Kutsche ohne Pferd“

Kannst du dir eine Welt ohne Autos vorstellen? Eine Welt ohne das eigene Auto, ohne Lastwagen, ohne Busse oder Transporter?

Mannheim im Winter 1885, vor etwa 130 Jahren: Aus der Werkstatt von **Karl Benz** hört man seit langem laute Geräusche. Es faucht, knattert und knallt. Wer nachts vorbeikommt, kann immer wieder sehen, wie der Erfinder auf einer merkwürdigen Maschine durch die Dunkelheit rollt. Der Techniker Karl Benz verwirklicht einen alten Traum. Er will ein Fahrzeug herstellen, das keine Pferde zum Ziehen braucht und nicht nur auf Schienen fährt.

Damals fuhr man in **Pferdekutschen** und transportierte Waren in Pferdewagen. Die Pferde mussten ernährt, gepflegt und ausgewechselt werden, Unfälle mit scheuenden Pferden waren nicht selten.
Für weite Reisen benutzte man die neu erfundene **Eisenbahn**. Viele Orte waren schon durch Gleise verbunden. Aber an den Bahnhöfen musste man in eine Pferdekutsche umsteigen, die einen zum gewünschten Ort brachte.

Nach vielen Jahren der Forschung und Arbeit erfand Karl Benz einen Benzin-Verbrennungsmotor, mit dem ein Fahrgestell selbstständig bewegt werden kann. Im Jahr 1886 stellte er seinen „**Benz Patent-Motorwagen Nummer 1**“ vor – das erste Auto der Welt.

Aber die **Bevölkerung** fürchtete diese Fahrmaschine. Sie knatterte laut, die Pferde scheuten vor ihr; sie erschien gefährlich und unheimlich. Nur wenige Menschen erkannten die Vorteile des Automobils. Es konnte fahren und Waren transportieren, ohne von Pferden oder Schienen abhängig zu sein.

Vor dem Lesen ⇢ Lesetipp 7, S. 194

Das Modell des Benz Patent-Motorwagens Nummer 1 ist im Deutschen Museum ausgestellt.

Das wollte Bertha Benz, die Frau des Erfinders, ändern. Die Bevölkerung sollte sehen, dass der Motorwagen wirklich ohne Pferde und nicht nur auf Schienen lange Strecken fahren konnte. Im Sommer des Jahres 1888 fuhr **Bertha Benz** mit ihren beiden Söhnen von Mannheim nach Pforzheim. Karl Benz hätte die Fahrt nicht erlaubt, schließlich war das Automobil nur auf kurzen Strecken ausprobiert worden.

Natürlich gab es auf dieser **Probefahrt** einige Probleme. Schon in Wiesloch bei Heidelberg ging der Treibstoff aus. In einer **Apotheke** kaufte Bertha Benz das nötige Leichtbenzin, das man auch zur Fleckenentfernung benutzte. Schwieriger war es, überhaupt den Weg nach Pforzheim zu finden. Es gab keine Straßenkarten und keine Wegweiser zu entfernten Orten. Also fuhren sie auf holprigen Wegen entlang der **Eisenbahnlinie**. Bergauf musste die kleine Reisegesellschaft das Auto manchmal schieben, bergab rumpelte das Fahrzeug gefährlich schnell über Stock und Stein. Oft waren Reparaturen nötig. Ein **Schmied** richtete die ausgeleierte Antriebskette. Ein **Schuster** nagelte dickes Leder auf die abgenutzten Bremsklötze. Bertha Benz reinigte die verstopfte Benzinleitung mit ihrer Haarnadel und ersetzte den zerrissenen Riemen am Motor durch ein Strumpfband*.

Aber am Abend kamen Bertha Benz und ihre Jungen mit dem Motorwagen in Pforzheim an. Die **Bevölkerung** interessierte sich jetzt für diese Fahrmaschine – ganz so, wie es sich Bertha Benz erhofft hatte.

Aufgaben ⇢ S. 112

*Strumpfband: hinderte früher die Strümpfe am Herunterrutschen

Der Klettverschluss

Georges de Mestral wurde am 19. Juni 1907 in der Schweiz geboren. Im Alter von 12 Jahren bastelte er ein mit Stoff bespanntes Modellflugzeug und ließ es patentieren. Nach seinem Technik-Studium arbeitete er als Ingenieur. Er gründete die Firma „Velcro“ und brachte 1959 den ersten Klettverschluss auf den Markt. Heute sind über 3 000 Mitarbeiter auf vier Kontinenten in der Firma beschäftigt. Georges de Mestral starb am 8. Februar 1990.*

Der Klettverschluss ist eine tolle Sache: Mit einem Ruck ist er auf oder zu, und man kann ihn leicht enger oder weiter stellen. An Schuhen ist er besonders praktisch, auch an Jacken und Taschen. Sogar Astronauten brauchen ihn. Ihr Werkzeug klebt damit am Raumanzug und ist leicht abnehmbar.

Es ist eine interessante Geschichte, wie es zu dieser Erfindung kam: Georges de Mestral ging gern mit seinem Hund in den Bergen wandern. Nach der Wanderung war das Fell seines Vierbeiners mit Kletten übersät. Auch an seiner eigenen Kleidung hingen unzählige der kugelförmigen Früchte. Mestral packte die Neugierde: Warum haften die Kletten so fest? Nachdem er sie mühsam entfernt hatte, betrachtete er sie unter dem Mikroskop. Er entdeckte, dass die Stacheln der *Großen Klette* eine Besonderheit aufweisen: An ihrem Ende krümmen sie sich zu winzigen Häkchen. Wenn sie mit Fellhaaren oder einer Faser in Berührung kommen, haken sie sich ein. Das ist ein raffinierter Trick der Natur, denn im Innern der Klette befinden sich ihre Samen. Tiere tragen den Samen in ihrem Fell weit fort,

*patentieren: rechtlich schützen lassen, sodass niemand anderes es ohne Erlaubnis auch machen darf

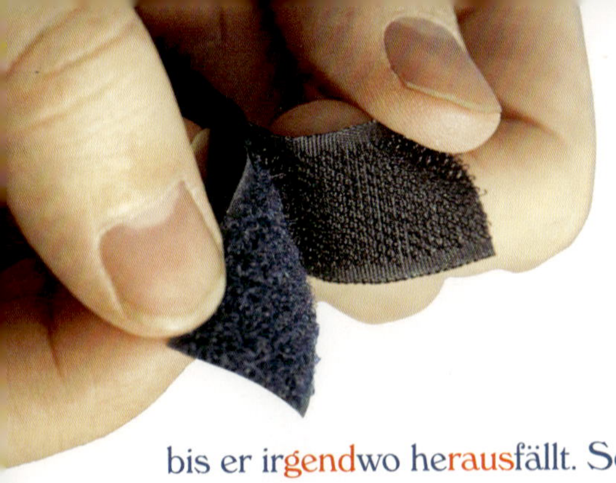

bis er irgendwo herausfällt. So schafft es die Pflanze, sich auszubreiten. Mestral entdeckte außerdem, dass die Häkchen nicht abbrechen, auch wenn man sie mit Gewalt herausreißt. Sie sind elastisch. Mestral beschloss, die Fähigkeiten der Klette nachzuahmen und für den Menschen nützlich zu machen.

Man lachte über dieses Vorhaben.

Doch Mestral gab nicht auf und es gelang ihm schließlich, einen Klettverschluss herzustellen. Er besteht aus einem Hakenband und einem Flauschband. Auf dem Hakenband befinden sich elastische Häkchen wie bei der Klette. Das Flauschband hat weiche Schlaufen auf der Oberseite, worin sich die Häkchen verfangen können. Mit etwas Kraft können die beiden Bänder wieder getrennt werden, ohne dass die Häkchen dabei kaputtgehen.

Ein Problem gibt es beim Klettverschluss: An den Häkchen haftet alles, was weich und faserig ist: Staubfäden, Haare, Wolle oder Fleece.

Dazu ein Tipp: Wenn das Häkchenband nicht mehr klebt, muss man es reinigen. Mit einer Nähnadel kann man die Fasern leicht über die Häkchen ziehen und entfernen.

Aufgaben ⇢ S. 113

Sechs Punkte

– damit die Hände lesen können

Louis Braille

ist der Erfinder der Blindenschrift,
geb. am 04.01.1809, gest. am 06.01.1852.

In der Sattlerwerkstatt* seines Vaters verletzte sich der vierjährige Louis mit einem spitzen Werkzeug am Auge. Die Wunde entzündete sich und Louis wurde auf beiden Augen blind. Weil er aber ein kluger Junge war, durfte er trotz seiner Behinderung die Dorfschule besuchen. Im Alter von zehn Jahren nahm ihn die Blindenschule in Paris auf.

Auf dieser Schule fiel er durch seine besonderen handwerklichen Fähigkeiten und seine hohe Begabung auf. Bald wurde er Hilfslehrer. Sein großes Ziel war, eine brauchbare Blindenschrift zu erfinden.

Eines Tages besuchte ein Offizier der französischen Armee die Blindenschule. Damit die Soldaten in der Nacht die Nachrichten ohne Licht lesen konnten, hatte er eine Schrift erfunden, die man mit den Fingern erfühlen konnte. Für jeden Buchstaben waren bis zu 12 Punkte in unterschiedlichen Mustern in Papier eingedrückt. Sie zu ertasten war nicht einfach.

Die Punkte, die man fühlen konnte, erinnerten Louis an seinen Spielwürfel zu Hause. Sein Vater hatte für ihn einen Blinden-Spielwürfel gebastelt.

Er hatte kleine Nägel mit runden Köpfen in den Würfel geschlagen, damit Louis die Zahlen von eins bis sechs fühlen konnte. Also kam Louis auf die Idee, sich eine Blindenschrift mit sechs Punkten auszudenken.

*Sattlerwerkstatt: Werkstatt eines Handwerkers, der (Pferde-)Sättel herstellt

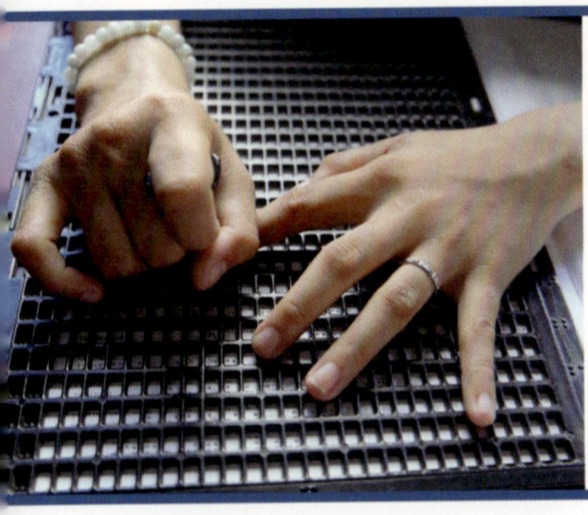

Schreibschablone

Schreibmaschine für Blinde

Computer für Blinde

Die Buchstaben aus höchstens sechs Punkten konnte man gut mit den Fingern abtasten. Sie waren viel leichter zu lernen als die Blindenschrift des Offiziers mit zwölf Punkten. Auch das Schreiben gelang schneller. Die Freunde und Schüler der Pariser Blindenschule wollten nur noch mit der Punkte-Schrift von Louis lesen und schreiben. Ihre guten Leistungen überzeugten nach und nach auch die Gegner der neuen Punkte-Schrift.

Die Schrift von Louis Braille

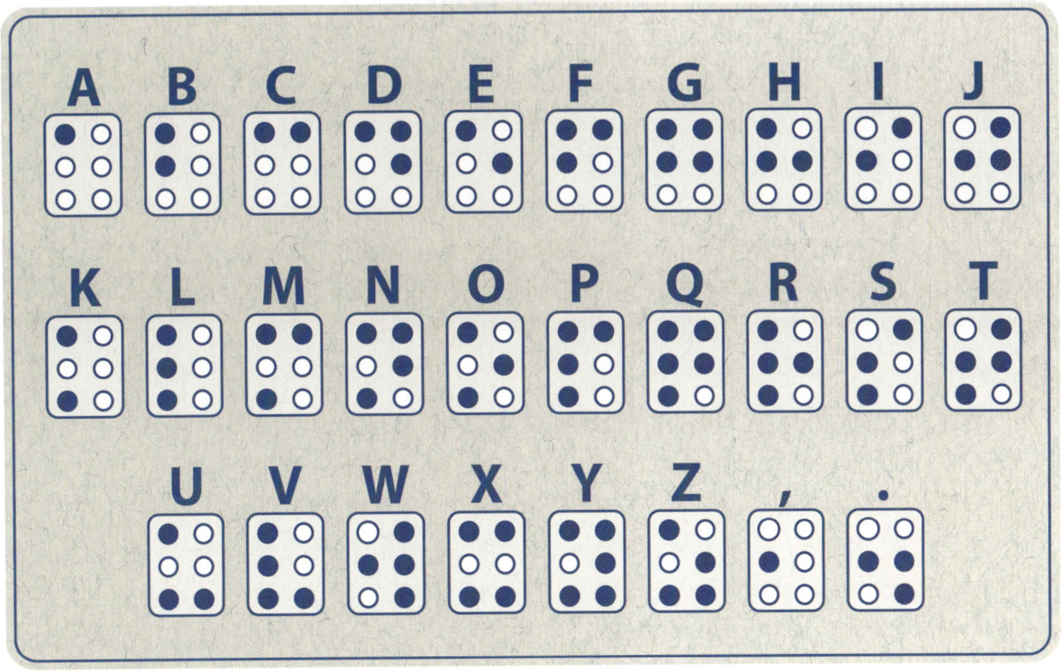

Heute ist die Brailleschrift weltweit verbreitet. Blinde Menschen können Bücher lesen. Sie können mit Schreibschablone und Stichel oder mit einer Blindenschreibmaschine selbst Texte schreiben.
Es gibt auch Computer mit Lesegeräten für Blinde.

Aufgaben ⇢ S. 113

Ralph Caspers –

Moderator, Drehbuchautor, Besserwisser

Um die Welt zu verändern und zu verbessern, brauchen wir Erfinder. Erfinder aber brauchen Menschen, die ihre Ideen und Lösungen aufgreifen, nutzen und weitervermitteln. So ein Mensch ist Ralph Caspers.

Er bezeichnet sich selbst gerne als Klugscheißer. Normalerweise meint man mit diesem Namen jemanden, der alles besser weiß und die Meinungen von anderen ignoriert. So meint Ralph das aber nicht. Er selbst erklärt es so: „Ich kann zu jedem Scheiß etwas Kluges sagen.“ Und das stimmt wohl auch. Er kann aber nicht deswegen zu allen möglichen Dingen etwas Schlaues sagen, weil er es sich ausdenkt, sondern weil er sich Gedanken dazu macht, weil er sich gerne mit Menschen unterhält, die sich gut auskennen, und weil er viele Bücher liest. Das muss er auch ganz häufig, wenn er für seine Fernsehsendung „Wissen macht Ah!“ Antworten auf Fragen sucht. Denn jede Woche kommen viele Fragen von Zuschauern, die etwas wissen wollen. Er selbst geht auch mit offenen Augen durch den Alltag und findet so viele Fragen. Zum Beispiel:

- Haben Hühner einen Bauchnabel?
- Warum steht auf manchen Klotüren 00?
- Was ist der Unterschied zwischen Obst und Gemüse?

Weil er bei „Wissen macht Ah!“ aber nicht nur Antworten gibt, sondern auch bei Experimenten zeigt, wie alles funktioniert, geht er in eine Bücherei und schaut sich viele Experimentierbücher an. Oft findet er da Ideen für Experimente, die er auch in der Sendung machen kann. Die zeigt er dann zusammen mit Shary, seiner Kollegin. Nicht nur Kinder sehen seine Sendungen gerne, auch viele Erwachsene schauen oft Wissenssendungen, wie zum Beispiel „Die Sendung mit der Maus“ oder eben auch „Wissen macht Ah!“.

Achtung – Wichtig!

Die fünf Lektionen von Ralph Caspers: **Alles, was du wissen musst!**

1. Fehler machen ist gut. Aus Fehlern lernt man am besten.
2. Lerne dich selber kennen. Das klingt einfacher, als es ist.
3. Bleibe dir selbst treu.
4. Hab keine Angst, dich zu blamieren. Ich mache das auch täglich.
5. Man muss nicht alles wissen. Wichtig ist, dass man weiß, wen man fragen kann.

Kleber herstellen

Mist! Gerade keinen dringend benötigten Kleber im Haus? Macht nichts! Wir verraten euch, wie ihr mit einfachen Mitteln euren eigenen Kleber herstellen könnt.

Man nehme:

- *warme, fettarme Milch*
- *zwei Gläser oder Becher*
- *ein Stück Stoff*
- *Natronpulver*
- *Essigessenz*

Zuerst etwas Milch in das erste Glas gießen, bis es zur Hälfte gefüllt ist. Dann drei Esslöffel Essigessenz zur Milch geben. Die sorgt dafür, dass die Milch sauer wird. Das Ganze so lange umrühren, bis sich Klümpchen bilden. Die Säure im Essig sorgt dafür, dass die Milch sich in ihre Bestandteile zerlegt: Sie trennt die Molke* vom Fett und vom Eiweiß. Sobald sich keine Klümpchen mehr bilden, könnt ihr das Rühren einstellen und das Stück Stoff über das zweite Glas spannen. Den Inhalt des ersten Glases gießt ihr über das gespannte Tuch – gut festhalten beim Gießen! Die Molke wird dadurch von den Fett- und Eiweißklümpchen getrennt. Jetzt müsst ihr das Tuch gründlich auswringen, nämlich so, dass auch die restliche Molke rausgedrückt wird. Die übrig gebliebene Masse kommt in das erste Glas. Dann kommt ein Teelöffel Natronpulver hinzu. Das neutralisiert die Essigsäure, die noch in den Klümpchen steckt. Um die Masse noch ein wenig geschmeidiger zu machen, könnt ihr nun noch etwas von der übrig gebliebenen Molke dazugeben.

Fertig! Klebt wie der Teufel!

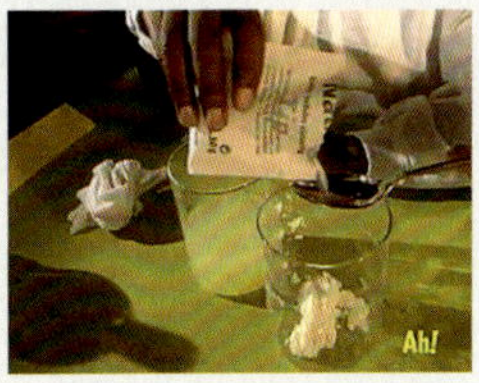

Aufgaben ⇢ S. 113

* Molke: Restflüssigkeit der Milch

• Die Erfinderin Mary Anderson

1902 gab es Eisregen in New York.
Mary Anderson fuhr mit der Straßenbahn.
Sie beobachtete den Fahrer.
Er fuhr mit geöffneter Windschutzscheibe.
Wegen des Schneefalls konnte man nicht
durch die Scheibe sehen.
Zu Hause erfand sie einen Scheibenwischer:
Der Fahrer bediente einen Hebel und
draußen wischte ein Arm hin und her
über die Windschutzscheibe.
Diese Erfindung wurde 1903 gesetzlich geschützt.

•• Die Erfinderin Mary Anderson

1902 besuchte Mary Anderson New York. Es war ein frostiger Tag. Sie fuhr mit der Straßenbahn und beobachtete den Fahrer. Dieser fuhr mit geöffneter Windschutzscheibe. Wegen des Schneefalls konnte man nicht durch die Scheibe sehen. Zu Hause entwarf Mary einen handbetriebenen Scheibenwischer: Mit ihm konnte man die Windschutzscheibe klar halten. Ihre Erfindung wurde 1903 gesetzlich geschützt. Aber niemand wollte einen Scheibenwischer in sein Auto einbauen. Nach 17 Jahren lief der Schutz für ihre Erfindung aus. Der nützliche Scheibenwischer wurde später in alle Autos eingebaut.

••• Die Erfinderin Mary Anderson

Im Jahr 1866, vor etwa 150 Jahren, wurde Mary Anderson geboren. Sie hatte ein sehr spannendes Leben. Sie ließ große Wohnhäuser bauen, züchtete Rinder und baute Wein an. Später wurde sie auch Erfinderin.

1902 besuchte Mary Anderson New York. Es war ein frostiger Tag im Winter. Sie fuhr mit der Straßenbahn und beobachtete den Fahrer. Er fuhr mit geöffneter Windschutzscheibe. Sie fragte sich warum. Dann wurde ihr der Grund klar: Wegen des Schneefalls konnte man nicht durch die Scheibe sehen. Da hatte Mary die Idee von einem Gerät, das die Scheibe bei der Fahrt wischt.

Als Mary Anderson wieder zu Hause war, skizzierte sie ein handbetriebenes Modell: Der Fahrer bediente einen Hebel und draußen wischte ein Arm hin und her über die Windschutzscheibe. Auf ihre Erfindung bekam die Erfinderin 1903 ein Patent (niemand durfte diese Erfindung ohne ihr Einverständnis verwenden). Aber kein Autohersteller wollte das Gerät einbauen. Niemand glaubte, dass die Autofahrer so etwas haben wollten.

Als ihr Patent nach 17 Jahren ablief, hatte sich die Welt verändert. Es gab immer mehr Menschen, die ein Auto haben wollten. Und immer mehr Menschen erkannten die Nützlichkeit eines Scheibenwischers. Er wurde deswegen in alle Autos eingebaut. Der Scheibenwischer hat seine Erfinderin nicht reich gemacht. Aber seinetwegen erinnern wir uns an Mary Anderson.

Stelle dir folgende Fragen und schreibe in dein Lerntagebuch:

- Wie schätze ich mich beim Lesen ein? Male ☺ 😐 ☹.
- Welchen Text konnte ich flüssig lesen? Wem lese ich den Text vor?
- Welchen Text habe ich gut verstanden? Worum geht es darin?
- Welche schwierigen Wörter oder Textstellen möchte ich noch üben?

Du kannst dein Lerntagebuch ⇢ S. 197 für deine Lernerfahrungen nutzen.

„Wie das Auto auf die Straße kam“ oder „Die Kutsche ohne Pferd“, S. 102/103

1. Lernt den Text in einer Lesekonferenz ⇢ S. 198 kennen. Welche beiden Verkehrsmittel gab es vor der Erfindung des Autos? Achtet auf die fett gedruckten Wörter.
2. Warum fürchtet sich die Bevölkerung vor dem „Motorwagen“? (Zeile 20/21)
3. Nenne die Textzeilen, auf die sich die vier Bilder unten auf den Seiten beziehen (Lesetipp 5 ⇢ S. 192).
4. In dem Text wird beschrieben, mit welchen Problemen Bertha Benz auf der Fahrt zu kämpfen hatte. Wie würde sie sich heute helfen können? Arbeitet in der Gruppe.
   - Füllt die Tabelle aus.
   - Ergänzt die Tabelle: Welche anderen Probleme hatten Bertha Benz und ihre Söhne bei der Fahrt?

Problem	Lösung damals	Lösung heute
Der Tank ist leer.		
Der Weg ist schwer zu finden.		
Die Antriebskette ist ausgeleiert.		

5. Was erreichte Bertha Benz durch diese Fahrt?

Tipp 7

Lesetipp 7 – Einen Text gliedern (siehe auch ⇢ S. 194)
Lies einen längeren Text in Abschnitten. Schreibe zu jedem Abschnitt eine Überschrift oder ein paar Stichwörter. So erhältst du einen Überblick über den gesamten Text. Hervorhebungen im Text (zum Beispiel Fettdruck) helfen dir dabei.

6. Finde eine Überschrift oder einen kurzen Satz für die Abschnitte im Text „Wie das Auto auf die Straße kam“ (Lesetipp 7, siehe oben). Arbeite mit einem Partner.

Der Klettverschluss, S. 104/105

1. Lies den Text leise. Gibt es im Text schwierige Wörter? Frage nach.
2. Der Klettverschluss ist von der Natur abgeschaut. Wie kam es dazu? Fasse den Inhalt (Zeile 11–25) in Stichwörtern zusammen.
3. Woraus besteht ein Klettverschluss? Was kann man damit alles verschließen? Tausche dich mit einem Partner darüber aus.
4. Kennt ihr weitere Erfindungen, die man von der Natur abgeschaut hat?

Sechs Punkte – damit die Hände lesen können, S. 106/107

1. Was erfährst du über Louis Braille? Verfasse einen Steckbrief ⇢ S. 207.
2. Was hat der kleine Louis an dem Würfel gelernt, den ihm sein Vater angefertigt hat? Wie veränderte er deshalb die 12-Punkte-Schrift?

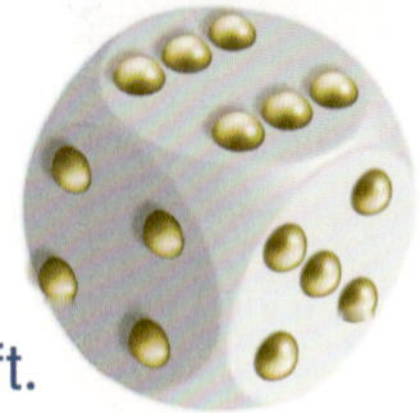

3. a) Schreibe einen Vornamen in deiner Klasse in Blindenschrift. Setze dabei zuerst die sechs kleinen Punkte für die Grundform. Vergrößere dann die Punkte. In der Blindenschrift wären sie erhöht.
   b) Tausche den Namen mit einem Partner aus und prüft, ob alles richtig ist.
   c) Spielt in der Klasse ein Spiel: Welches Zweier-Team kann in der vorgegebenen Zeit mehr Namen in Blindenschrift lesen?
4. Welche Hilfsmittel nutzen blinde Menschen noch, um im Alltag alleine zurechtzukommen? Informiere dich im Internet.

Ralph Caspers – Moderator, Drehbuchautor ..., S. 108/109

1. a) In Zeile 16–20 kannst du lesen, wie und welche Fragen Ralph Caspers findet, die bei „Wissen macht Ah!“ beantwortet werden.
   b) Überlege mit einem Partner, welche Rätsel des Alltags ihr lösen wollt.
   c) Einigt euch in der Klasse auf drei Fragen. Bildet drei Gruppen, die den Rätseln auf den Grund gehen. Notiert eure Ergebnisse schriftlich und präsentiert sie.
2. Schaue dir die fünf Lektionen von Ralph Caspers an. Suche dir eine aus und erkläre, was damit gemeint ist.

DER GROßE AUFTRITT

Maja und ihr Pflegepony Möhrchen haben zusammen schon viele Abenteuer erlebt und sind unzertrennliche Freunde geworden. Als eines Tages neben dem Ponyhof ein Zirkuszelt steht, will sich Maja alles einmal ansehen. Dabei wird sie von Beppo, einem Jungen vom Zirkus, überrascht. Die beiden verstehen sich gut und treffen sich in dieser Woche jeden Tag. Am Morgen vor der letzten Vorstellung erzählt Beppo, dass die Zirkusreiterin einen Unfall gehabt hat und nicht auftreten kann. Er bittet Maja, die beliebte Pony-Vorführung zu übernehmen. Maja, die sehr gut reiten kann, ist einverstanden.

Kurz vor ihrem großen Auftritt wartete Maja angespannt hinter dem roten Vorhang. „Wir schaffen es, Möhrchen!“, flüsterte sie aufgeregt. Noch war der Clown in der Manege, doch sein Auftritt würde gleich zu Ende sein. Maja bemühte sich, ganz ruhig zu wirken. Dabei hatte sie das Gefühl, gleich ohnmächtig zu werden. „Du hast Lampenfieber!“, sagte Beppo. „Das ist völlig normal.“ „Möhrchen geht es genauso“, antwortete Maja. „Ich merke, dass er nervös ist.“ „Keine Angst!“, sagte Beppo. „Wenn ihr drinnen seid, ist das Lampenfieber weg.“

Hinter Maja und Möhrchen lagen zweimal zwei Übungsstunden. Alle Zirkusleute hatten sie immer wieder gelobt und ihr Tipps gegeben. Zum Glück hatten auch Mama und Papa keine Einwände gegen Majas Auftritt.

In diesem Moment teilte sich der Vorhang. Maja holte tief Luft und schnalzte mit der Zunge. Das Pony setzte sich folgsam in Bewegung. Da standen sie nun im Scheinwerferlicht, umgeben von vielen Gesichtern und Augen, die sie anstarrten. Sekundenlang hatte Maja das Gefühl, alles vergessen zu haben. Dann hörte sie Beppos Stimme: „Los geht’s! Das ist euer Auftritt.“

Das Pony lief los. Es trabte an der Longe*, die Beppo hielt, immer im Kreis. Maja konzentrierte sich auf ihre Kunststücke. Mit der Hand am Griff des Voltigiergurts** sprang sie ab und saß auf. Es glückte! Wieder und wieder! Das Lampenfieber verschwand. Alle Figuren, die sie mit Beppos Vater eingeübt hatte, führte sie fehlerlos vor. Als sie sich auf Möhrchens Rücken kniete, gab es den ersten Beifall. Beppo lachte ihr zu und formte mit den Lippen die lautlose Frage: „Weitermachen?“ Maja nickte. Sie wurde mutig. Noch nie war sie freihändig auf dem trabenden Pony gestanden – das wollte sie jetzt tun. Auf Möhrchens Hals gestützt, setzte sie die Füße auf und blieb noch kurz in vorgebückter Haltung stehen. Dann löste sie die Hände, breitete die Arme aus und stand frei auf dem Ponyrücken – drei, vier Sekunden lang. Alle hielten den Atem an. Mit Schwung ließ sie sich wieder auf das Pony fallen und strahlte. Die Zuschauer klatschten erneut Beifall, laut und begeistert.

Maja sprang ab, legte Möhrchen einen Arm um den Hals und verbeugte sich. Möhrchen verbeugte sich auch – jedenfalls senkte er den Kopf und nahm die Zuckerstückchen, die Beppos Vater ihm hinhielt.

Katja Königsberg

* Longe: Führungsseil, mit dem ein Pferd im Kreis läuft
** Voltigiergurt: spezieller Gurt mit Haltegriffen und -schlaufen

Aufgaben ⇢ S. 124

Wie ein Supermarkt in der Wüste

Heute ist ein besonderer Tag: Mein Vater und alle anderen Männer aus unserem Dorf brechen auf, um mit der Kamelherde zu Fuß die Wüste zu durchqueren. Sie nehmen die Zelte und das Getreide vom Feld mit. Die Zelte werden sie an einem Ort aufschlagen, an dem es genügend Futter für die Kamele gibt, das Getreide tauschen sie auf dem Markt gegen Datteln und Salz.

Mein Vater ist ein Kamelhirte. Er kennt seine Herde so gut, dass er die Spuren seiner Tiere von denen der anderen Tiere unterscheiden kann. Auch die Wüste kennt er gut. Er hat sich noch nie in ihr verlaufen. Sein Vater hat ihm beigebracht, wie er an den Dünen erkennen kann, in welche Richtung er laufen muss. In der Nacht helfen ihm die Sterne, den richtigen Weg zu finden. Ich bleibe mit meinen Geschwistern, meinem Opa und meiner Mutter in unserem Haus. Es steht in einer Oase am Rande einer großen Wüste, die Sahara heißt. Die Sahara liegt in Afrika und ist die größte Trockenwüste der Welt. Tagsüber ist es hier sehr heiß, oft über 40 Grad, in der Nacht kühlt es stark ab. Wir sind an die Temperaturen gewöhnt. Mein Vater hat mir erzählt, dass früher die ganze Familie mit den Tieren durch das Land gezogen ist, immer dorthin, wo es genügend Futter für die Tiere gab. Heute kümmern sich nur noch die Männer um die Tiere.

Wenn ich groß bin, möchte ich auch mit den Kamelen durch die Wüste ziehen. Das ist eine wichtige Aufgabe, denn von den Kamelen leben wir. Wir trinken ihre Milch und machen daraus Käse und Butter. Ihren getrockneten Dung benutzen wir, um Feuer zu machen. Ihr Leder wird zu Sandalen verarbeitet und ihr Fleisch essen wir.

Das Kamel liefert fast alles, was die Nomaden täglich brauchen – wie ein Supermarkt.

aus den Seiten „Rudi Rotbein"

Lebensraum Wüste

Weißt du, wie Kamele es schaffen, Wüstentemperaturen von über 40 Grad locker auszuhalten? Sie können ihren Wasserspeicher innerhalb einer Viertelstunde mit 200 Litern Wasser auffüllen und danach lange Durststrecken überstehen. Ihr Fell ist kurz, damit sie sich nicht aufheizen, und ihre Beine lang, damit ihr Körper möglichst weit vom heißen Boden weg ist.
In ihren Höckern speichern sie Fett, um auch in schlechten Zeiten genügend Energie zum Leben zu haben.

Nomaden sind Menschen, die mit ihren Familien und ihren Tieren das ganze Jahr über durch das Land ziehen – von einer Weide zur nächsten. Das ist wichtig, denn von den Tieren leben sie. Nomaden wohnen in Zelten, die sie schnell auf- und abbauen können. Alles, was sie und ihre Kinder zum Leben (oder Spielen) brauchen, wird auf dem Rücken ihrer Kamele transportiert.
Halbnomaden sind Menschen, bei denen nur ein Teil der Familie mit den Tieren wandert. Frauen, Kinder und ältere Menschen wohnen meist das ganze Jahr in ihren Häusern und bauen Getreide auf den Feldern an.

aus den Seiten „Rudi Rotbein“

Aufgaben ⇢ S. 125

Warum sich Raben streiten

Weißt du, warum sich Raben streiten?
Um Würmer und Körner und Kleinigkeiten,

um Schneckenhäuser und Blätter und Blumen
und Kuchenkrümel und Käsekrumen

und darum, wer recht hat und unrecht, und dann
auch darum, wer schöner singen kann.

Mitunter streiten sich Raben wie toll
darum, wer was tun und lassen soll,

und darum, wer Erster ist, Letzter und Zweiter
und Dritter und Vierter und so weiter.

Raben streiten um jeden Mist.
Und wenn der Streit mal zu Ende ist,

weißt du, was Raben dann sagen?
Komm, wir wollen uns wieder vertragen!

Frantz Wittkamp

Tiger-Jagd

Wer Lust hat, kann an Regentagen
auch hierzulande Tiger jagen.

Es lohnt zum Beispiel der Versuch
der Tigerjagd im Wörterbuch.

Dort spielt der Tiger mit den Jungen
im Quellgebiet der Steigerungen:

Ein Lus-Tiger, ein Präch-Tiger,
ein Läs-Tiger, ein Mäch-Tiger,

ein Hef-Tiger, ein Gran-Tiger,
ein Bors-Tiger, ein Kan-Tiger,

ein Kräf-Tiger, ein Saf-Tiger,
ein ganz und gar Wahrhaf-Tiger,

ein Ar-Tiger, ein Bär-Tiger,
und manchmal ein Verfer-Tiger

von Bildern und Geschichten,
der so ein Spiel erfinden kann,
von dem wir hier berichten.

Man braucht zu dieser Tigerjagd
kein Netz und kein Gewehr,

und wer ein bisschen überlegt,
der findet noch viel mehr.

Hans Georg Lenzen

Aufgaben → S. 126

Romulus und Remus

Berühmte Kinder, von Tieren gerettet

Vor langer, langer Zeit führte ein Hirte seine Schafherde am Fluss Tiber zur Tränke. Plötzlich drängten sich die Schafe ängstlich zusammen. „Was ist denn los?“, dachte er. Da sah er eine große Wölfin im Gras liegen. Zwei nackte kleine Kinder saugten gierig an ihren Zitzen. Die Wölfin lag ganz friedlich da. Von Zeit zu Zeit leckte sie liebevoll die Kinder, als wären sie ihre eigenen Jungen.

Die Wölfin merkte, dass sie beobachtet wurde, und trug eines der Kinder vorsichtig mit der Schnauze in ihre Wolfshöhle. Als sie das zweite Kind holen wollte, verjagte der Hirte sie mit seinen Hunden. Mit dem einen Baby auf dem Arm wartete er, bis das andere aus der Wolfshöhle krabbelte. Dann nahm er beide mit nach Hause. „Das ist ein Geschenk der Götter“, freute sich seine Frau, denn sie hatten keine eigenen Kinder. „Wir nennen sie Romulus und Remus. Das sind schöne Namen für diese prächtigen Kinder. Es sind wohl Zwillinge.“

Die Jungen wuchsen zu kräftigen jungen Männern heran, die ihrem Pflegevater mit der Herde halfen und keinem Streit mit anderen Hirten aus dem Weg gingen. Ein Streit um die beste Weide zwang die beiden Brüder vor den Herrn, dem das Weideland gehörte. Es war der frühere König des Landes.

Romulus und Remus kamen ihm bekannt vor und bald stellte sich heraus, dass dieser König ihr Großvater war. Er war von seinem herrschsüchtigen Bruder abgesetzt und verbannt worden. Seine Tochter, die Mutter der Zwillinge, war umgebracht worden. „Er wollte auch euch töten", sagte der König. „Aber das wagte er nicht, denn euer Vater ist der Kriegsgott Mars." „Der ist unser Vater!?", riefen Romulus und Remus überrascht. „Ja, so ist es", antwortete der König. „Ihr wurdet in einem Korb im Fluss Tiber ausgesetzt. Aber Gott Mars hat für euch gesorgt und die Wölfin geschickt."

„Wir sind nicht umsonst Söhne des Kriegsgottes Mars!" Romulus und Remus halfen ihrem Großvater, seinen Thron zurückzugewinnen. Zum Dank durften sie eine neue Stadt bauen – am Fluss Tiber, dort, wo sie ausgesetzt worden waren. Die Brüder freuten sich, aber sie konnten sich nicht einigen: Wer sollte der erste König sein? Wer sollte der Stadt den Namen geben? In dem schlimmen Streit setzte sich Romulus durch. Er wurde der erste König der neuen Stadt und gab ihr den Namen: Rom.

Aufgaben ⇢ S. 126/127

• Mowgli

Ein Tiger jagte ein Menschenjunges. Der Angriff missglückte und das Kind floh in den Dschungel. Eine Wolfsfamilie nahm den Jungen auf und nannte ihn Mowgli, den nackten Frosch. Er sollte in das große Rudel aufgenommen werden. Da kam wieder der Tiger und wollte den Jungen haben. Ein Bär und ein Panther beschützten Mowgli. Er wurde in das Wolfsrudel aufgenommen.

•• Mowgli

Der Tiger Shir Khan wollte ein kleines Kind erbeuten. Er verfehlte seine Beute und das Kind lief in den Dschungel. Ein Wolf entdeckte den Kleinen und brachte ihn in seine Höhle. Die Wolfsmutter zog das Menschenkind zusammen mit ihren Wolfsjungen auf. Weil es nackt war, nannte sie es Mowgli, den kleinen Frosch. Als Mowgli gut laufen konnte, sollte er in das große Wolfsrudel aufgenommen werden. Da erschien wieder sein alter Feind, Shir Khan. Er wollte den Jungen für sich haben. Aber der Bär Balu und der Panther Baghira traten als Fürsprecher für Mowgli auf. Er wurde in das Wolfsrudel aufgenommen.

••• Mowgli

Der Tiger Shir Khan wollte das kleine Kind eines Holzfällers erbeuten. Beim Angriff sprang er aber aus Versehen ins Lagerfeuer der Menschen. Das Kind erschrak und krabbelte, so schnell es konnte, in den Dschungel. Immer weiter. Vor der Wolfshöhle entdeckte Vater Wolf den Winzling und rief: „Ein Menschenjunges! Schau nur!“ Mutter Wolf antwortete: „Ich habe noch nie eins gesehen. Bring es her!“ Vater Wolf setzte das Menschenkind mitten unter die Wolfskinder.

„Wie niedlich er ist!“, sagte Mutter Wolf zärtlich. Der Winzling drängte sich ans warme Fell. „Oho!“, rief Mutter Wolf, „er will mit den anderen trinken. Bin ich die erste Wölfin, die ein Menschenjunges hat?“ „Das nicht“, sagte Vater Wolf, „ich habe schon davon gehört.“ Die Wolfsmutter lachte: „Ich will ihn Mowgli nennen, den kleinen nackten Frosch.“

Die Wolfsfamilie ernährte und schützte Mowgli, bis er gut laufen konnte. Dann musste er vor die Ratsversammlung der Wölfe treten, um ins Rudel aufgenommen zu werden. Da kam sein alter Feind Shir Khan und wollte Mowgli haben. Keiner der Wölfe setzte sich für Mowgli ein. Der Bär Balu und der schwarze Panther Baghira traten als Fürsprecher für Mowgli auf. Außerdem bot Baghira den Wölfen einen fetten Ochsen zum Fraß an. Diesem Geschenk konnten die Wölfe nicht widerstehen und sie nahmen Mowgli in ihr Rudel auf.

Stelle dir folgende Fragen und schreibe in dein Lerntagebuch:

- Wie schätze ich mich beim Lesen ein? Male ☺ 😐 ☹.
- Welchen Text konnte ich flüssig lesen? Wem lese ich den Text vor?
- Welchen Text habe ich gut verstanden? Worum geht es darin?
- Welche schwierigen Wörter oder Textstellen möchte ich noch üben?

Du kannst dein Lerntagebuch ⇢ S. 197 für deine Lernerfahrungen nutzen.

Der große Auftritt, S. 114/115

1. a) Lies den Text genau. Lesetipp 7 ⇢ S. 194 kann dir helfen.
   b) Maja übernimmt mit Möhrchen die Pony-Aufführung im Zirkus.
   - Was kann Maja schon?
   - Wie oft musste sie für den Auftritt üben?
   - Wie ergeht es ihr bei ihrem Auftritt?

   Sucht die Textstellen und notiert die Zeilenzahl.

   c) Habt ihr auch schon einmal Lampenfieber gehabt? Erzählt oder schreibt davon. Tragt die Ergebnisse der Klasse vor.

2. Maja und das Pony Möhrchen sind Freunde. Auch andere Kinder haben tolle Tierfreunde.

   Schreibe eine eigene Geschichte zu einem der Bilder. Diese Fragen können dir helfen:
   - Was für ein Tier ist zu sehen?
   - Was passiert gerade?
   - Wie könnten das Kind und das Tier Freunde geworden sein?

3. Lies deine Geschichte in der Gruppe vor. Besprecht folgende Fragen:
   - Was gefällt euch an der Geschichte?
   - Welche Stellen sind schwierig zu verstehen?
   - Was könnte man noch besser machen?

4. Entscheide, was du ändern möchtest. Überarbeite die Geschichte und schreibe sie sauber auf. Du kannst auch den Computer verwenden. Achte am Computer auf die Hinweise des Rechtschreibprogramms.

5. Ihr könnt eure Geschichten sammeln und zu einem Buch binden.

Wie ein Supermarkt in der Wüste, S. 116/117

1. **Vor dem Lesen:** Lest die Überschrift und betrachtet die Bilder. Wovon könnte der Text handeln? Wofür steht die Überschrift?
2. **Nach dem Lesen:** Erkläre die Überschrift mit eigenen Worten (Z. 24/25).
3. Was gibt das Kamel den Wüstenbewohnern? Nennt die Dinge, die vom Kamel stammen und erklärt, wofür man sie verwendet. Stellt die Ergebnisse in einer Tabelle dar.

Kamel	Verwendung
Milch	trinken

4. Warum ist das Kamel an das Leben in der Wüste gut angepasst? Lies dazu noch einmal im Text „Lebensraum Wüste“ die Zeilen 1–7.

Warum sich Raben streiten, S. 118

1. Lies deinem Partner das Gedicht wie eine Erklärung vor, weshalb sich die Raben streiten. Dann liest es dein Partner.
2. Stellt Vermutungen an: Was beabsichtigt der Autor mit diesem Gedicht? Könnten mit den Raben auch Menschen gemeint sein?
3. Worüber streiten sich Kinder? Was sagen sie, wenn der Streit vorbei ist?
4. Lerne das Gedicht auswendig. Beachte Lesetipp 8 (siehe unten).
5. Fiel dir das Auswendiglernen leicht? Sprecht in der Klasse darüber.

Tipp 8

Lesetipp 8 – Ein Gedicht auswendig lernen (siehe auch → S. 195)

- Sprich immer laut mit, wenn du ein Gedicht auswendig lernst.
- Stelle dir genau vor, worum es in der Strophe geht.
- Schreibe dir in jeder Zeile eine Erinnerungshilfe auf, zum Beispiel das erste und das letzte Wort (Reimwort). Du kannst auch etwas dazu malen.
- Decke mit einem Blatt immer mehr Hilfen ab, bis du das Gedicht auswendig kannst.

Tiger-Jagd, S. 119

1. Lies das Gedicht mit einem Partner vor. Achtet auf die Betonung (Lesetipp 2 ⇢ S. 190). Wechselt euch nach jedem Zeilenpaar ab.
2. Im Gedicht wird mit Sprache gespielt. Was genau ist damit gemeint? Sprecht in der Klasse darüber und nennt Beispiele.
3. Welcher „Tiger“ gefällt dir besonders gut? Erfinde einen lustigen Satz dazu.

Romulus und Remus, S. 120/121

1. Erzähle die Sage von Romulus und Remus in eigenen Worten nach.
2. Findet Überschriften zu folgenden Textabschnitten (Lesetipp 7 ⇢ S. 194): Zeile 1–6/Zeile 7–14/Zeile 15–27/Zeile 28–35.
3. Romulus und Remus wurden von Wölfen gerettet. Was weißt du schon über diese Tiere? Bringe dein eigenes Wissen ein (Lesetipp 6 ⇢ S. 193).
4. Wie nennt man folgenden Text? Überlege, wo du diesen finden könntest. Fachwörter wie zum Beispiel Textsorten findest du auf S. 206/207.

Wolf

Wölfe sind Säugetiere und kommen auf der gesamten Nordhalbkugel vor. Männliche Wölfe erreichen eine Schulterhöhe von 90 cm. Sie werden bis zu 67 kg schwer. Weibliche Wölfe sind etwas kleiner. Sie haben eine Schulterhöhe von etwa 80 cm. In der freien Wildbahn werden Wölfe bis zu 13 Jahre alt. Wölfe leben in Rudeln in festen Revieren und jagen gemeinsam ihre Beutetiere, wie z. B. Rentiere oder Hasen. Wölfe sind scheu und meiden die Menschen. Dennoch kann es zu Konflikten kommen, wenn Wölfe die Nutztiere der Menschen erlegen, wie z. B. Schafe. Wölfe waren in Europa fast ausgestorben. Mittlerweile gibt es einige Tiere auch wieder in Deutschland.

5. Stellt euch gegenseitig Fragen, die ihr mit dem Text beantworten könnt.

Romulus und Remus, S. 120/121 (Fortsetzung)

6. Vergleiche den Text „Romulus und Remus“ mit dem Text „Die Wölfin Asena“: Was ist gleich, was ist anders? Arbeite mit einem Partner.

Die Wölfin Asena

Die Erzählung handelt von einem kleinen Jungen.
Er ist der letzte Überlebende eines Stammes. Der Stamm wurde von einem bösen Herrscher vernichtet. Der kleine Junge wird von der Wölfin Asena gefunden, gesäugt und großgezogen. Als der Herrscher erfährt, dass der Junge noch lebt, schickt er Soldaten, um ihn zu fangen. Die Wölfin flieht mit dem Jungen in eine Höhle. Gemeinsam mit den zehn Wolfskindern von Asena kann das Menschenkind den Herrscher vom Thron stoßen.

7. Kennt ihr noch andere berühmte Kinder, die von Tieren gerettet wurden? Informiert euch in Büchern und im Internet. Tauscht euch aus.

Tiger-Witz

Warum heißt der Löwe Löwe?
Weil er immer durch die Wüste löft!
Und warum heißt der Tiger Tiger?
Der löft auch, aber heftiger!

Kuh-Witz

Was ist weiß-braun und kann tauchen?
Antwort: Ein Muhboot!

Teekesselchen: Ein Wort mit zwei Bedeutungen

Spielt gemeinsam Teekesselchen.
Wer errät die meisten Teekesselchen?

Mein Teekesselchen kommt bei Vögeln vor.

Mein Teekesselchen besteht aus Metall.

Lösung: Feder

Beispiele für Teekesselchen:
Hahn – Maus – Hering – Eselsohr – Fliege – Krebs – Strauß – Boxer

Kennt ihr noch andere Teekesselchen?

Über die Erde

Über die Erde sollst du barfuß gehen.
Zieh die Schuhe aus, Schuhe machen dich blind.
Du kannst doch den Weg mit deinen Zehen sehen.
Auch das Wasser und den Wind.

Sollst mit deinen Sohlen die Steine berühren,
mit ganz nackter Haut.
Dann wirst du bald spüren,
dass dir die Erde vertraut.

Spür das nasse Gras unter deinen Füßen
und den trockenen Staub.
Lass dir vom Moos die Sohlen streicheln und küssen
und fühl das Knistern im Laub.

Steig hinein, steig hinein in den Bach
und lauf aufwärts dem Wasser entgegen.
Halt dein Gesicht unter den Wasserfall.
Und dann sollst du dich in die Sonne legen.

Leg deine Wange an die Erde, riech ihren Duft und spür,
wie aufsteigt aus ihr eine ganz große Ruh'.
Und dann ist die Erde ganz nah bei dir,
und du weißt: Du bist ein Teil von allem und gehörst dazu.

Martin Auer

Aufgaben → S. 136

Ameisen

Im Hof unten, bei den Mülltonnen, sitzt immer der Gerhard. Jeden Tag hockt er dort. Stundenlang. Den Ameisen schaut er zu. Die Ameisen kommen aus einem Riss in der Hausmauer. In Dreierreihen wandern sie die Mauer hinunter, über den Betonboden und dann in die Mülltonnen hinauf. Wenn sie aus den Mülltonnen wieder herauskommen, tragen sie die Beute mit sich: ein Reiskorn, einen Brotbrösel, eine Winzigkeit Apfelschale und allerhand Krümel, denen man nicht ansieht, woraus sie bestehen. Der Hubert versteht nicht, warum der Gerhard jeden Tag stundenlang den Ameisen zuschaut. Und fragen kann er ihn ja auch nicht danach. Der Gerhard kann nicht richtig reden. Bloß „Mama“ und „nein“ kann er sagen. Alles andere, was er sagt, ist ein unverständliches Gebrabbel, aus dem nur seine Mama schlau wird.

„So was von stumpfsinniger Glotzerei“, sagt der Hubert zu den anderen Kindern. Und die anderen Kinder geben ihm recht. Aber manchmal, wenn weder der Gerhard noch die anderen Kinder im Hof sind, dann hockt sich der Hubert auch zu den Mülltonnen und schaut den Ameisen zu. Ganz im Geheimen nämlich hat er den Verdacht, dass es da schon was zu sehen gibt, etwas, das unheimlich aufregend ist, etwas, das nur der Gerhard weiß.

Christine Nöstlinger

Aufgaben → S. 136

Der große Kapokbaum

Zwei Männer kamen in den Regenwald. Eben noch hatten Vögel und lärmende Affen den Wald mit Leben erfüllt. Jetzt war alles still. Der ältere Mann zeigte auf den Kapokbaum. Dann ging er. Der jüngere Mann nahm seine Axt und schlug damit in den Stamm des Baumes. Hack! Hack! Die Einschläge hallten durch den Wald. Tschop! Tschop! Das Holz des Baumes war sehr hart. Der Mann wurde müde. Er setzte sich unter den Baum, und dort schlief er bald tief ein.

Im Kapokbaum lebte eine **Boa constrictor**. Sie schlängelte sich zu dem Mann und zischte ihm ins Ohr: „Senhor*, dieser Baum ist mein Zuhause. Fälle ihn nicht."

Eine **Biene** summte: „In diesem Baum ist mein Bienenstock. Ich bestäube auch andere Bäume und Blumen im Regenwald. Wir Lebewesen hängen voneinander ab."

Eine **Affenhorde** schnatterte dem Mann ins Ohr: „Senhor, ihr fällt einen Baum nach dem anderen. Die Wurzeln verdorren und sterben. Nichts bleibt übrig, um die Erde festzuhalten. Wenn die großen Regen kommen, wird der Boden weggewaschen."

Ein **Tukan**, ein **Ara** und ein **Felsenhahn** flogen von der Baumkrone herab. „Senhor", kreischte der Tukan, „die Menschen fällen Bäume für Straßen, Ackerland und Bodenschätze. Für uns bleiben nur Baumstümpfe."

Ein leuchtend grüner **Baumfrosch** quakte: „Wenn ihr den Regenwald zerstört, zerstört ihr das Zuhause vieler Lebewesen."

Ein **Jaguar**, der auf einem Ast geschlafen hatte, beugte sich über den Mann und raunte: „In dem Kapokbaum leben viele Tiere. Wenn du ihn abschlägst, was soll ich dann fressen?"

*Senhor: portugiesisch für „Herr"

Vier **Baumstachler**, die den Baum geschickt herabgeklettert waren, flüsterten dem Mann zu: „Weißt du, was Tiere und Menschen zum Leben brauchen? Und weißt du, was die Bäume herstellen? Sauerstoff. Und Sauerstoff brauchen wir alle zum Atmen.“

Mehrere **Ameisenbären**, mit den Jungen auf dem Rücken, stiegen herunter. Einer sagte: „Der andere Mann befiehlt dir, einen Baum abzuschlagen. Dabei denkt er nicht an die Kinder, die morgen in einer Welt ohne Bäume leben müssen.“

Erst jetzt erreichte ein **Faultier** den Boden, kroch langsam heran und sprach mit träger Stimme: „Senhor, wie viel ist Schönheit wert? Wenn du die Schönheit des Regenwaldes zerstörst, woran soll sich dann dein Auge erfreuen?“

Schließlich beugte sich ein Kind aus dem Stamm der Yanomami-Indianer über den Mann und sagte leise: „Wenn du jetzt aufwachst, bitte, sieh uns alle mit anderen Augen.“ Da wachte der Mann plötzlich auf. Die Tiere und das Kind standen still um ihn herum und blickten ihn an. Der Mann sah nach oben: Sonnenlicht glitzerte wie Juwelen im dunkelgrünen Wald. Er roch den Duft der Blüten, die um den Kapokbaum herum blühten. Er fühlte die Feuchtigkeit, die vom Waldboden aufstieg.

Der Mann stand auf und griff nach seiner Axt. Plötzlich hielt er inne, drehte sich um und sah die Tiere und das Kind an. Dann ließ er die Axt sinken und verließ den Regenwald.

Lynne Cherry

WEITSPRUNG

Vorausgesetzt,
dass jetzt
ein Mensch, ein Frosch, ein Heuschreck und ein Floh
um die Wette springen –
nur so
zum Spaß –
Was
meinst du?
Wem wird der Rekord gelingen,
würde man die Weiten vom Sprung
mit der Körperlänge
in Zusammenhänge
bringen?
Der Mensch springt das Fünffache
mit Weh und Ache.
Der Frosch schafft das Zehnfache
mit Ach und Krache.
Der Heuschreck springt das Dreißigfache,
wenn nicht altersschwache.
Das Zweihundertfache schafft der Floh
ohne Risiko –
klein, doch oho!
vom Kopf bis zum Po,
der Floh.

Rosemarie Künzler-Behncke

Aufgaben ⇢ S. 137

Die Biene am Fenster

Eine Biene
surrt am Glas.
Nichts ist da.
Und doch ist was!

Was ist im Weg
ganz unsichtbar?
Ihr Hirn ist klein,
sie kommt nicht klar.

Sie will durch, plagt sich
fürchterlich.
Und schafft es nie!
Doch jetzt komm ich.

Ich reiche ihr
ein Stück Papier.
Hinauf schleppt sich
das arme Tier.

Das Fenster auf!
Ich blas, und schon:
Gott weiß wohin,
schwirrt sie davon.

Josef Guggenmos

Aufgaben ⇢ S. 137

• Honig vom Dach

Hobby-Imker stellen Bienenkästen in Berlin auf. Jedes Jahr werden es mehr. Warum?

- Auf Dachterrassen, in Kleingärten und im Stadtpark finden die Bienen reiche Nahrung.
- In der Stadt ist es wärmer als auf dem Land. Bienen lieben Wärme. Sie sammeln mehr Honig.
- Bienen versorgen sich selbst. Sie bellen nicht. Sie passen gut zum Stadtleben ihrer Menschen.
- Auf dem Land wird Pflanzenschutzmittel versprüht, nicht aber in der Stadt. Das ist gut für die Bienen.
- Im Vergleich zum Land blüht in der Stadt immer etwas.

•• Honig vom Dach

In Berlin werden auf Dachterrassen Bienenkästen aufgestellt. Es gibt 500 Großstadtimker – jedes Jahr werden es mehr. Warum fühlen sich die Bienen in der Stadt so wohl?

- Auf Dachterrassen, in Kleingärten und im Stadtpark finden die Bienen von März bis November reiche Nahrung.
- In der Stadt ist es wärmer als auf dem Land. Bienen lieben es, wenn es warm ist. Sie fliegen länger und sammeln mehr Honig.
- Bienen versorgen sich selbst. Sie bellen nicht. Niemand muss mit Bienen „Gassi“ gehen. Sie passen gut zum Stadtleben.
- In der Stadt wird kein Pflanzenschutzmittel versprüht – somit sind Stadtbienen gesünder als Landbienen. Gut für den Honig!
- Auf dem Land gibt es nach der Ernte auf den Feldern fast keine Blüten mehr, während in der Stadt immer etwas blüht.

●●● Honig vom Dach

Ob in New York, Paris oder Berlin – überall entdecken Großstadtleute ein altes Hobby wieder: das Imkern. Sie stellen auf Balkonen und Dachterrassen Bienenkästen auf. 500 Großstadtimker gibt es zurzeit in Berlin, jedes Jahr werden es mehr.

Städte erscheinen oft grau und lebensfeindlich: viel Beton, asphaltierte Straßen und Plätze, schlechte Luft durch Abgase. Bienen sehen das ganz anders. Sie fühlen sich wohl in der Stadt. Das hat mehrere Gründe:

- In der Stadt locken begrünte Dachterrassen und Kleingärten, ungedüngte Verkehrsinseln und Wiesen im Stadtpark die Bienen vom Frühjahr bis im November mit Nektar und Pollen.
- In der Stadt ist es um 2 bis 3 Grad wärmer als im Umland. Bienen lieben die Wärme. Stadtbienen sind im Frühjahr zeitiger und im Herbst länger unterwegs. Stadtimker ernten deshalb deutlich mehr Honig als Landimker.
- Bienen passen ohne Probleme in das Stadtleben der Menschen. Sie brauchen nicht regelmäßig gefüttert und ausgeführt zu werden. Sie bellen nicht laut und hinterlassen keinen Kot auf Gehwegen. Für Imker sind die Bienen somit der perfekte Ausgleich zum Job.
- In der Stadt wird kein Pflanzenschutzmittel gegen schädliche Insekten versprüht. Stadtbienen sind somit gesünder als ihre Schwestern auf dem Land, was gut für den Honig ist.
- Mais- und Getreidefelder werden in wenigen Tagen abgeerntet. Schlagartig entstehen grüne Wüsten, in denen die Bienen weder Pollen noch Nektar finden. In der Stadt blüht immer etwas.

Stelle dir folgende Fragen und schreibe in dein Lerntagebuch:
- Wie schätze ich mich beim Lesen ein? Male ☺ 😐 ☹.
- Welchen Text konnte ich flüssig lesen? Wem lese ich den Text vor?
- Welchen Text habe ich gut verstanden? Worum geht es darin?
- Welche schwierigen Wörter oder Textstellen möchte ich noch üben?

Du kannst dein Lerntagebuch ⇢ S. 197 für deine Lernerfahrungen nutzen.

Über die Erde, S. 128

1. a) Was kannst du beim Barfuß-Gehen fühlen? Suche die Antwort im Gedicht.
   b) Tausche dich mit einem Partner aus. Schreibt Stichwörter auf.
   c) Bildet Gruppen. Jede Gruppe bereitet eine Station für einen Barfuß-Weg vor. Ihr könnt flache Kartons benutzen. Lasst euch mit verbundenen Augen über die Stationen führen. Was fühlt ihr? Verändert immer wieder die Reihenfolge der Stationen.

Ameisen, S. 129

1. Was macht Gerhard? Was ist daran eigenartig?
2. Zeichne die Ameisenstraße vergrößert. Beachte Zeile 3–7.
3. Was sagen Hubert und die Kinder zu Gerhards eigenartigem Verhalten? Was meint ihr? Sprecht in der Klasse darüber.
4. Informiere dich auf S. 205 und im Internet über die Autorin des Textes.

Der große Kapokbaum, S. 130/131

1. Lernt den Text in einer Lesekonferenz ⇢ S. 198 näher kennen. Beantwortet anschließend folgende Fragen:
   - Welche Gründe nennen die Tiere für den Erhalt des Kapokbaums? der Sauer stof
   - Worum bittet das Kind den Mann?
   - Warum fällt der junge Mann den Baum nach dem Schlaf nicht?
2. Informiere dich im Internet oder in Sachbüchern über den Kapokbaum, den Regenwald und die Tiere im Text, die du nicht kennst.
3. Wähle ein Tier aus und schreibe einen Steckbrief.
4. Stellt euch die Tiere gegenseitig vor.

- Name:
- Aussehen:
- Größe / Gewicht:
- Mögliches Lebensalter:
- Nahrung:
- Lebensraum:

Der große Kapokbaum, S. 130/131 (Fortsetzung)

5. Welches Tier wurde gut beschrieben? Was hätte der Verfasser des Steckbriefs noch genauer schreiben können?

6. Übe das Vorlesen. Beachte dabei Lesetipp 9 (siehe unten). Wenn du den Text gut geübt hast, kannst du ihn anderen vorlesen. Achte dabei auf deine Stimme und betone wichtige Wörter (→ S. 202).

Tipp 9

Lesetipp 9 – Tipps zum Vorlesen (siehe auch → S. 196)
Lies den Text laut und übe die Stellen, die schwer zu sprechen sind.
Beachte die Sprechregeln bei den Satzzeichen:
- Senke die Stimme beim Punkt und mache eine Pause.
- Hebe die Stimme vor dem Komma, denn der Satz geht weiter.
- Sprich lauter bei einem Ausrufezeichen.
- Stelle wirklich eine Frage bei einem Fragezeichen.

Weitsprung, S. 132

1. Lies das Gedicht lustig vor.

2. Tier-Olympiade: Informiert euch im Internet oder im Sachbuch. Schreibt eine Liste ins Heft.

   Welches Tier …
   - läuft am schnellsten?
   - fliegt am schnellsten?
   - hört am besten?
   - sieht am besten?

3. Tragt die Tierrekorde zusammen und gestaltet ein gut lesbares Plakat. Stellt anschließend eure Ergebnisse in der Klasse vor.

Die Biene am Fenster, S. 133

1. Die Biene plagt sich vergeblich. Warum? Ein Mensch beobachtet sie. Was geschieht? Schreibe Stichwörter.

2. Tragt das Gedicht zu zweit vor. Sprecht abwechselnd immer zwei Zeilen.

3. Stelle mit einem Partner das Gedicht pantomimisch dar. Achtet auf euren Gesichtsausdruck und eure Bewegungen.

Fremde Worte

Jeden Morgen, wenn Jule mit ihren Eltern zum Strand kam, war das andere Mädchen mit seiner Familie schon da. Immer an derselben Stelle. „Können die sich nicht woanders breitmachen?“, brummte Jules Vater. „Wir gehen ja auch nie woanders hin“, sagte Jule und lächelte das Mädchen an. Es lächelte zurück. „Meine Güte, worüber reden diese Italiener bloß in dieser Geschwindigkeit?“, murmelte Jules Mutter. Jule schlenderte zum Wasser und das fremde Mädchen ging ihr nach. Zusammen rannten sie den Wellen entgegen und kicherten, wenn ihnen das Wasser gegen den Bauch klatschte. Als sie genug davon hatten, bauten sie eine Sandburg. Jule buddelte und Rosetta holte Wasser. Jule kannte den Namen ihrer neuen Freundin, weil die Großmutter immer „Roseeeettaaa!“ über den Strand rief. Jule hätte gern mit ihr den Namen getauscht. Rosetta klang viel besser als Jule. Wenn sie die Sandburg mit Muscheln verzierten, legte Jule Herzen und Rosetta Blüten. Sobald keine einzige Muschel mehr auf die Burg passte, lachten sie sich an und sprangen mitten hinein. Rosettas Oma gab ihnen manchmal Kekse. Dann sorgte Jule für etwas zum Trinken. Während Mama schlief, holte sie die große Saftflasche aus ihrer Tasche und teilte sich einen Becher schwesterlich mit Rosetta. Am siebten Ferientag war Rosetta noch nicht da, als Jule an den Strand kam. „Endlich kriegen wir mal den besten Platz“, sagte Jules Vater. Zwei langweilige Stunden später kam Rosetta endlich. Aber diesmal nur mit ihrer Großmutter. Rosetta hielt Jule ein kleines Muschelarmband hin.

Dann drückte sie ihr einen gefalteten Zettel in die Hand. „Was hast du da für einen Zettel?", fragte Mama abends im Hotel. „Rosettas Adresse", sagte Jule. „Ich hab ihr meine auch aufgeschrieben. Rosetta ist nämlich weg." „War das das italienische Mädchen am Strand?", fragte Papa. „Wie willst du der denn schreiben? Und woher weißt du, dass sie weg ist?" Jule zuckte mit den Achseln: „Hat sie mir gesagt." „Wie habt ihr euch denn unterhalten?", fragte Papa spöttisch. „Auf Englisch?" „Blödsinn." Jule war verärgert. „Rosetta hat italienisch geredet und ich deutsch. Italienisch kitzelt im Bauch, wenn man zuhört. Habt ihr das gemerkt?" Hatten sie nicht.

Als Jule nach Hause kam, steckte eine Postkarte von Rosetta im Briefkasten. Vorne drauf war Venedig, und auf die Rückseite hatte Rosetta ein Herz aus Muscheln gezeichnet. Jule schickte Rosetta die allerschönste Karte, die sie von Hamburg finden konnte. Auf die Rückseite schrieb sie: „Tanti saluti von Jule". Das hatte sie im Reisewörterbuch nachgeguckt. Darunter zeichnete sie ihr Meerschweinchen, aber das kriegte sie nicht halb so gut hin wie Rosetta die Muscheln. Also guckte sie noch einmal ins Wörterbuch und schrieb „porcellino" darunter – vorsichtshalber.

Cornelia Funke

Inselferien

Ferienzeit. Daniela, die Freundin von Pippa, ist mit ihren Eltern auf einer Kreuzfahrt und hat schon eine Karte geschrieben. Pippas Mutter fährt für eine Woche mit ihrer Freundin weg. Jetzt ist Pippa allein mit ihrem Vater, und sie sind daheim. Sind das schöne Ferien? Der Vater hat eine Überraschung für Pippa, aber noch ist sie sauer.*

„Tja, wenn das so ist, dann kann ich dich wohl gar nicht mitnehmen auf meine Reise?“ Papa schaut prüfend in die grauen Wolken. „Was soll denn das schon für eine Reise sein?“, sagt Pippa missmutig. Papa schultert die gelbe Tasche und geht ins Haus. „Weißt du, Pippa, das Land, in das wir reisen, ist unendlich weit weg.“ „Und wie sollen wir da hinkommen?“ Pippa wird das Gefühl nicht los, dass Papa sie verschaukelt. Er schiebt sie in den Lift. „Mit einer Rakete!“ Papa zählt rückwärts. „Drei, zwei, eins …“ Er nimmt Pippas Finger und drückt ihn auf die Elf. „Start! Die Rakete fliegt los!“ Papa wackelt mit dem Kopf und schlenkert mit den Armen, als würde ihn die Lift-Rakete durcheinanderschütteln.

So eine blöde Reise! Papa kann noch so viele doofe Raketengeräusche machen, Pippa bleibt stinksauer. „Willst du wissen, wie das Land heißt?“ Papa schließt die Wohnungstür auf. „Wahrscheinlich Wohnung oder Kinderzimmer“, sagt Pippa gelangweilt. „Nein“, sagt Papa, „es hat verschiedene Namen. Balkonien zum Beispiel. Oder Südöstliches Dachterrassien. Oder Insel der Daheimgebliebenen.“

Er geht raus auf den Dachgarten, stellt die gelbe Tasche ab und öffnet den Reißverschluss. Als Pippa sieht, was Papa aus der Tasche zieht, wird sie ganz aufgeregt. „Ein Zelt?“ „Ein stinklangweiliges Zelt, in dem ich in den nächsten Tagen mit meiner stinksauren Pippa-stink-stink wohnen muss!“ Aber da ist Pippa gar nicht mehr stinksauer. Gemeinsam bauen sie das Zelt auf, und es ist, als wären sie wirklich ganz weit weg. Über ihnen ist der Himmel und unten rauscht der Stadtverkehr wie die Brandung des Meeres.

„Und am Samstag machen wir einen Ausflug in die Berge.“ Papa rollt im Zelt die große Luftmatratze aus. „Nur wir zwei. Los, hilf pusten!“ Sie blasen die Luftmatratze auf. Dann zünden sie den Campingkocher an und machen sich eine Dose Ravioli heiß. Die war im Küchenschrank – aber heute war das gar kein Küchenschrank, sondern ein kleiner Laden im südlichen Balkonien.

*Kreuzfahrt: Schiffsfahrt mit mehreren Stationen

Pippa hat die Dose gekauft. Es hat ewig gedauert, bis der Papa-Verkäufer verstanden hat, was Pippa wollte. Das Wort Ravioli gibt es nämlich nicht in der balkonischen Sprache.

Satt und glücklich liegt Pippa neben Papa im Zelt. Eigentlich sollte ich Daniela eine Ansichtskarte schreiben, denkt Pippa. Sonnige Grüße von der Insel der Daheimgebliebenen! Aber dafür ist sie jetzt viel zu müde.

„Junid adlamar, Babba", murmelt sie. Das heißt auf Balkonisch ‚Gute Nacht, Papa'. Aber Papa sagt nichts mehr. Er schläft. Pippa kuschelt sich in Papas Arm und lauscht seinem Schnarchen und den Regentropfen, die aufs Zeltdach fallen.

Thomas Schmid

Aufgaben ⇢ S. 151

Das Monster vom blauen Planeten

Auf dem Planeten Galabrazolus lebte einmal ein Junge namens Gobo. Als Gobo zu seinem zweihundertsten Geburtstag ein Raumschiff geschenkt bekam, beschloss er, damit zum Planeten Erde zu fliegen. Er hatte gehört, dass dort felllose Monster mit nur zwei Augen und zwei Armen lebten. Eines davon wollte er sich fangen. Schließlich hatten all seine Freunde längst ein Haustier von einem anderen Planeten.

Er startete früh am Morgen, durchquerte Meteoritenstürme* und flog an unbekannten Sonnen vorbei. Aber als er den kleinen blauen Planeten Erde schließlich erreichte, fand er nur Steinwürfel und graue Schlangen mit stinkenden Blechkäfern. Erst als die fremde gelbe Sonne schon fast unterging, entdeckte er eines der Erdenmonster. Es saß auf einer grünen Wiese und war in merkwürdige Lappen gehüllt. Nur auf dem Kopf hatte es struppiges, gelbliches Fell, sonst war es ganz bleich. Seine Augen schimmerten sonderbar feucht und es hatte eine scheußliche Beule im Gesicht. Aber so gruselig, wie Gobo es sich vorgestellt hatte, war es nicht. Er war etwas enttäuscht.
Trotzdem ließ Gobo sein Raumschiff sacht hinunterschweben, fing das Monster mit seinem Fangstrahl ein und beförderte es in einen Käfig. Dann machte er sich mit seiner Beute auf den Heimweg.

Das Monster sprang in dem Käfig wild auf und ab, rüttelte an den Stäben und gab entsetzliche Laute von sich.
Gobo setzte seinen Übersetzungshelm auf, trat an den Käfig heran und – fuhr erschrocken zurück.
„Du widerliches Monster!“, schrie ihn das kleine Scheusal an. „Lass mich sofort hier raus!“
„Wieso Monster?“, rief Gobo empört. „Du bist das Monster! Und von jetzt an bist du mein Haustier!“

*Meteoriten: kleine Gesteinsbrocken, von denen unendlich viele durch das Weltall fliegen

„Was?“, fauchte das eklige Wesen und rüttelte so wütend an den Gitterstäben, dass Gobo noch einen Schritt zurücktrat. Doch dann hockte es sich plötzlich in eine Käfigecke und schluchzte. Silbrige Tropfen quollen aus seinen Augen. Gobo war bestürzt. Wurde es etwa krank?

„Ich will nach Hause!“, hörte er es schluchzen. „Ich will zurück nach Hause.“
„Wie meinst du das?“, fragte Gobo ungläubig. „Monster haben kein Zuhause.“
„Du bist das Monster!“, schniefte das bleiche Wesen.
„Du weißt natürlich nicht, was Zuhause heißt.“
„Mein Zuhause ist der Planet Galabrazolus!“, rief Gobo empört.
„Er hat Berge und Meere, die wie buntes Glas schimmern.
Er hat sieben Monde und jeder hat eine andere Farbe.“
Das Erdenmonster hörte auf zu schluchzen. „Sieben Monde?“, fragte es leise. „Wir haben nur einen.“
Gobo fand plötzlich, dass die Augen des Monsters wie kleine Sterne aussahen.
„Die Monde würde ich gern mal sehen“, sagte es.
„Aber dein Haustier werde ich nicht.“

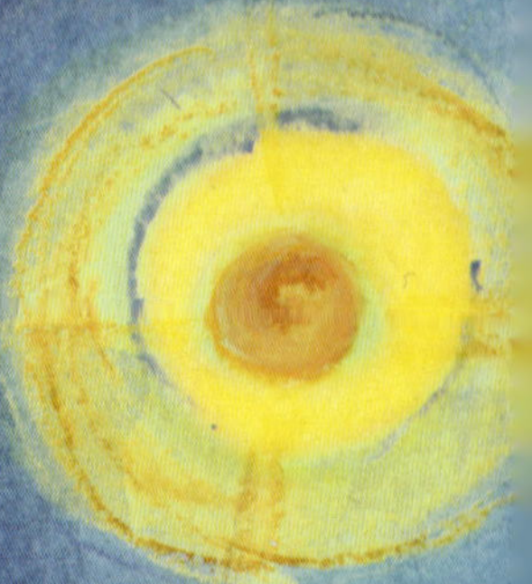

Schweigend sah Gobo das Wesen an. Dann drückte er auf einen Knopf und der Käfig verschwand.
„Komm“, sagte er und lächelte verlegen.
„Ich zeige dir die Monde.
Und dann bringe ich dich nach Hause.“

Cornelia Funke

Da lieg ich im Bett

Da lieg ich im Bett, die Augen zu.
Was Schönes will ich mir denken.
Ich stelle mir vor, mein Bett ist ein Boot,
das die Wellen heben und senken.

Ich lasse mich schaukeln, hinauf und hinab,
und rings um meinen Kahn
glitzert, so weit das Auge reicht,
friedlich der Ozean.

Herrlich ist das! – Allmählich aber
werde ich höher gehoben
und sinke tiefer hinab ins Tal.
Die Wellen werden zu Wogen.

Die eiligen, schwarzen, von Gischt gekrönt,
immer wilder donnern sie her.
Und ich im Boot, verlassen, verloren
weit draußen im tobenden Meer!

Jetzt aber – o Schreck! – eine Wasserwand,
eine haushohe, wandert heran.
Sie ragt vor mir hoch. Sekunden noch,
dann ist es um mich getan.

Mit mir ist es aus! Da fällt mir ein
im letzten Augenblick:
Es gibt noch ein Mittel, ein einziges noch,
ich habe noch einen Trick.

Ich mache meine Augen auf.
Und liege wieder in meinem Bett,
im Zimmer:
Welch ein Glück!

Josef Guggenmos

Aufgaben ⇢ S. 152

Nuri und der Geschichtenteppich

Nuri und ihre Eltern sind von Bagdad, der Hauptstadt des Irak, nach Deutschland geflohen. Denn dort war Krieg. Nuri schreibt ihrer Tante, was sie in dem neuen Land erlebt. Hier lernst du den Anfang des Kinderbuches kennen.

Liebe Tante,

nächste Woche gehe ich das erste Mal in eine Schule. Ich verstehe hier alles. Papa und Mama haben in Bagdad oft deutsch gesprochen, damit niemand sie versteht. Ich habe zugehört und eines Abends dann alles verstanden. Es war laut draußen. Kriegsflugzeuge. Dann war plötzlich alles ruhig. Mama sagte auf Deutsch: „Hoffentlich sind wir bald hier weg! Wir sollten Nuri ein wenig Deutsch beibringen.“ Ich bekam einen Doppelschreck! Ich erfuhr, dass ihr Plan war, den Irak zu verlassen. Und ich kapierte, dass ich gerade Deutsch verstanden hatte. Liebe Tante! Komm doch auch hierher und bring deinen Geschichtenteppich mit. Du hast für mich jeden Abend so schöne Geschichten von ihm bekommen. Unser Teppichboden hier ist nur grau – keine Geschichten drin.

Deine Nuri

Liebe Tante,

heute fragte ich Mama: „Was ist, wenn diese Schule schließt?“ Sie sagte: „Hier schließen keine Schulen. Deutschland ist ein sicherer Ort!“ Ich glaub das nicht. Ein Junge hat mir in der Pause mein Essen aus der Hand geschlagen. Ich hab geweint und an deinen Geschichtenteppich gedacht. Papa will mir jetzt einen Teppich kaufen. Ich hab Mama und Papa nichts von dem Jungen erzählt. Nur dir.

Deine Nuri

Liebe Tante,

ich habe jetzt einen Geschichtenteppich. Er ist blau, grün und gold. Eben habe ich mich draufgekniet und reingeschaut. Es hat geklappt! Kleine Ungeheuer sind da, Monster. Die Geschichte aus meinem Teppich fängt so an:

Die Schwarzzahnmonster leben mit ihrem König in einem Schloss nahe der Wüste. Sie sind ganz gemein. Wenn andere weinen, lachen sie. Außerdem fressen sie alles, was schön ist. Schmetterlinge zum Beispiel. Was an uns weiß ist, ist bei den Schwarzzahnmonstern schwarz. Ihre Augen sind schwarz und in ihrem Maul haben sie siebzig schwarze, spitze Zähne. Das größte Maul hat König Schwarzzahn. Mit ihm kann er sogar Untertanen auffressen, wenn sie ihm nicht gehorchen.

Der König hatte einen Sohn und eine Tochter, Bassem und Bahia. Bassem ärgerte andere gern. Bahia aber war manchmal nett und höflich. Dann schrie König Schwarzzahn wütend: „Wer hat dem Balg Freundlichkeit beigebracht?!“

Ich habe das alles Mama erzählt, denn sie weint oft. Sie vermisst alle, die weg sind, und Bagdad auch. Du hast gesagt, dass Geschichten von Kummer ablenken. Das stimmt. Denn danach hat Mama gelacht und mich umarmt.

Deine Nuri

Liebe Tante,

heute haben die blöden Mädchen in der Klasse gesagt, dass ich stinke. Und in der Stunde ‚Freie Arbeit‘ haben sie auf mich gezeigt und gekichert. Weißt du noch? Wenn ich Angst bekommen habe, hast du gesagt: „Nuri, da hilft nur noch eine Geschichte.“ Deshalb habe ich meine Schwarzzahnmonstergeschichte geschrieben. Sie ist noch lang nicht fertig, aber die Lehrerin fand sie ganz toll. Frau Hahn las sie der ganzen Klasse vor – sie gefiel allen. Aber dann sagte ich, dass ich die Geschichte in meinem Teppich gesehen habe – und alle, alle lachten mich aus. Auf dem Heimweg hielt mich der Junge, der Patrick heißt, fest. „Du Lügnerin!“, sagte er. „Du hast das gar nicht wirklich gesehen. Gib’s zu!“ Geschichten erzählen kann dein Leben retten, hast du mir gesagt. Du hattest recht. Während der Junge mich festhielt, erzählte ich von König Schwarzzahn.

Eines Tages sah man, dass Bahias Zähne blass waren und sich weiße Flecken in ihren Augen bildeten. Der König rief den Obermonsterarzt. Schadenfroh stellte der Doktor fest: „Tja, Bahia hat ein Herz.“ Der König stöhnte. Schwarzzahnmonster haben nämlich normalerweise kein Herz. „Sie hat Mitleid mit anderen, verstehst du?“, grinste das Oberarztmonster hämisch. „Ja und ob, du oberdummes Staubkopfstiefgesicht, reiß ihr das Herz raus oder ich lass dich köpfen.“

Da fing Patrick an zu lachen. „Und dann?“, fragte er.

Liebe Tante, du hast gesagt: Wenn du merkst, dass jemand gespannt ist, mach eine Pause. Ich machte eine Pause und lief dabei einfach weiter bis zu unserer Haustür. „Ich erzähl morgen weiter, wenn du mich in Ruhe lässt“, sagte ich und – oh Wunder – Patrick ließ mich gehen. Mama weiß nichts davon.

Deine Nuri

Andrea Karimé

• Im Hallenbad

Tom, Felix und Latif treffen sich vor dem Hallenbad. „Das Bad ist aber groß“, ruft Latif begeistert. „Hier kann man nicht nur schwimmen“, meint Tom. „Die Wasserrutsche macht viel Spaß!“, sagt Felix. „Wir probieren sie nachher einfach aus“, schlägt Tom vor. Vor der Kasse steht ein Schild mit Baderegeln. Die Jungen können die Sprachen nur zum Teil lesen. „Aber die Bilder kann zum Glück jeder verstehen!“, lacht Tom.

•• Im Hallenbad

Am Nachmittag treffen sich Tom, Felix und Latif vor dem Eingang des Hallenbads. „Das Bad ist aber groß!“, ruft Latif begeistert. „Hier kann man nicht nur schwimmen“, meint Tom. „Es gibt auch eine tolle Wasserrutsche. Die macht viel Spaß!“, sagt Felix. „Wir probieren sie nachher einfach aus“, schlägt Tom vor. Vor der Kasse sehen die Jungen ein Schild mit Baderegeln. Das Wort „Baderegeln“ ist in mehreren Sprachen geschrieben. Die Jungen versuchen, die Sprachen zu erkennen. Sie können sie aber nur zum Teil lesen. Felix zeigt auf eine Zeile: „Das ist Englisch.“ Latifs Augen leuchten. „Und das ist Arabisch. Das kann ich lesen!“, sagt er und zeigt auf zwei Zeilen weiter unten. „Die Bilder können zum Glück alle verstehen“, lacht Tom.

••• Im Hallenbad

Latif ist neu in der Klasse. Er spricht wenig Deutsch. Aber Tom und Felix mögen ihn. „Gehst du mit uns schwimmen?“, fragen sie. „Ja, klar“, antwortet der Neue. Die Jungen erklären Latif, wo das Hallenbad ist.

Am Nachmittag treffen sich Tom, Felix und Latif vor dem Hallenbad. „Das Bad ist aber groß!“, staunt Latif. „Es gibt hier eine tolle Wasserrutsche. Die macht viel Spaß“, meint Felix. „Im Hallenbad befindet sich auch ein Dampfbad. Dort geht mein Vater immer gern hin“, erzählt Tom. Latif überlegt: „Ein Dampfbad, ist das so etwas wie ein Hamam – ein ‚Orientalisches Bad‘?“ „Das könnte sein. Lass uns das Dampfbad nachher einfach ausprobieren“, antwortet Tom. „Dann weißt du mehr.“

Vor der Kasse steht ein Schild. Darauf sind viele Bilder zu sehen. Sie zeigen die Baderegeln im Hallenbad: Nicht fotografieren, niemanden schubsen, keine Glasflaschen mitbringen und einiges mehr. Die Überschrift steht in mehreren Sprachen darüber. Die Jungen versuchen, die Sprachen zu erkennen. Felix zeigt auf eine Zeile: „Das ist Englisch.“ „Und ganz unten ist Russisch“, ergänzt Tom. Latifs Augen leuchten. „Das kann ich lesen!“, sagt er und zeigt auf drei Zeilen weiter oben. „Das ist Arabisch.“ „Wie gut, dass die Bilder alle verstehen können“, lacht Tom.

Stelle dir folgende Fragen und schreibe in dein Lerntagebuch:

- Wie schätze ich mich beim Lesen ein? Male ☺ 😐 ☹.
- Welchen Text konnte ich flüssig lesen? Wem lese ich den Text vor?
- Welchen Text habe ich gut verstanden? Worum geht es darin?
- Welche schwierigen Wörter oder Textstellen möchte ich noch üben?

Du kannst dein Lerntagebuch ⇢ S. 197 für deine Lernerfahrungen nutzen.

Fremde Worte, S. 138/139

1. Lies den Text. Welcher Lesetipp ist für dich hier besonders hilfreich? Sprecht in der Klasse darüber.

2. Wie lernen sich Jule und Rosetta kennen? Wie freunden sie sich an? Erzähle.

3. Warum spottet der Vater über den Adressenaustausch der Mädchen?

4. Rosetta überrascht Jule zu Hause mit einer Karte. Was schreibt Rosetta auf ihrer Karte? „Übersetze" ihre Grüße.

5. So begrüßt und verabschiedet man sich in verschiedenen Sprachen:

	Sprache	Begrüßung	Verabschiedung
	deutsch	hallo	tschüss
	italienisch	ciao	arrivederci
	spanisch	¡hola!	¡hasta luego!
	englisch	hello	bye
	französisch	bonjour	au revoir

- Wisst ihr, wie man die Wörter ausspricht?
- Kennt ihr sie noch in anderen Sprachen? Vergleicht.
- Begrüßt und verabschiedet euch in verschiedenen Sprachen. Bezieht dabei auch eure Körpersprache (Gesichtsausdruck, Körperbewegung) mit ein.

6. Es gibt in der deutschen Sprache noch viele andere Wörter, mit denen man sich begrüßen oder verabschieden kann: In Norddeutschland sagt man zum Beispiel „Moin", in Bayern „Servus" oder „Grüß Gott". In Sachsen sagt man „Daach" und in Baden „Ade". Was sagt ihr zu Hause? In der Schule? Beim Bäcker?

7. Jule kommt in dem fremden Land mit der fremden Sprache besser zurecht als ihre Eltern. Woran kann das liegen? Tausche dich mit einem Partner aus.

Inselferien, S. 140/141

1. Pippa ist sauer, obwohl die Ferien begonnen haben. Warum?
2. Wie kündigt der Vater seine Überraschungsreise an? Wie hebt er das Besondere daran hervor? Und wie reagiert Pippa darauf? Lies Zeile 5–18 und fasse in eigenen Worten zusammen.
3. Warum bringt das Zelt Pippa in Urlaubslaune?
4. Pippa und ihr Vater machen nun alles wie im Urlaub – vom Zeltaufbau bis zum Einkaufen. Schreibe in Stichwörtern heraus, was zu einem richtigen Urlaub passt (Zeile 20–37). Arbeite mit einem Partner.

5. a) Was können Pippa und ihr Vater in Balkonien noch alles erleben? Sammle Ideen.
   b) Suoho mit oinom Partnor ouro droi booton Idoon auo.
   c) Präsentiert eure Ideen in der Klasse.
6. Pippa ist glücklich. Warum? Sprecht über ihren Stimmungsumschwung.
7. Wie würdest du gerne deine Ferien verbringen? Male und schreibe dazu.

Das Monster vom blauen Planeten, S. 142/143

1. Wer ist das Monster vom blauen Planeten?
2. Wie sieht Gobo die Dinge auf der Erde? Lies noch einmal Zeile 8–15. Schreibe in eine Tabelle und arbeite mit einem Partner.

Gabo sagt:	Erklärung
felllose Monster	Menschen
Steinwürfel	

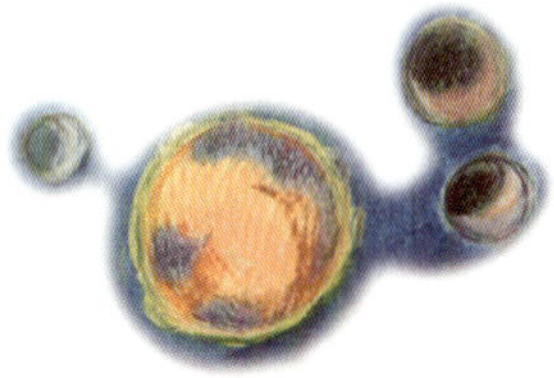

3. Mit dem Übersetzungshelm können Gobo und das Erdenmonster miteinander sprechen. Aber es gibt Missverständnisse. Suche die Textstellen heraus, in denen der Übersetzungshelm Gobo nicht helfen kann und gib die Zeile an.

Das Monster vom blauen Planeten, S. 142/143 (Fortsetzung)

4. Wie heißt die Autorin der Geschichte? Kennt ihr noch andere Bücher von ihr? Wo könnt ihr euch über sie informieren?

5. Lies den Text zusammen mit einem Partner und verbessert euch gegenseitig freundlich. Achte auf deine Stimme. Wenn du den Text gut geübt hast, kannst du ihn den anderen vorlesen (⇢ S. 202).

Da lieg ich im Bett, S. 144

1. Man kann das Gedicht in drei Abschnitte unterteilen:
   - Das sanfte Meer
   - Der Sturm
   - Augen auf

   Schreibe in dein Heft die dazu gehörenden Zeilenzahlen:
   Das sanfte Meer: Zeile 1 bis ...

2. Trage das Gedicht ausdrucksvoll vor.
   Denke an Lesetipp 9 ⇢ S. 196.

3. An welchen Traum erinnerst du dich? Beschreibe deine Gefühle.

Nuri und der Geschichtenteppich, S. 145–147

1. Bildet in der Klasse Gruppen. Jede Gruppe liest einen Brief von Nuri und fasst ihn für die anderen in wenigen Sätzen zusammen: Worum geht es in dem jeweiligen Brief?
   Denkt auch an Lesetipp 5 ⇢ S. 192 und beachtet die Bilder.

2. Bewertet anschließend die Zusammenfassungen:
   Was war gut? Was könnte man besser machen?

3. Jede Gruppe findet eine Antwort auf die Frage zu „ihrem" Brief:
   1. Brief: Was meint Nuri mit „Doppelschreck"?
   2. Brief: Warum hat Nuri in der Schule geweint?
   3. Brief: Warum ist es für König Schwarzzahn schlimm, dass seine Tochter freundlich ist?
   4. Brief: Nuri wird von ihren Mitschülern verspottet. Wie versucht die Lehrerin, Nuri zu helfen?

Nuri und der Geschichtenteppich, S. 145–147 (Fortsetzung)

4. Überlegt gemeinsam in der Klasse:
   - Im 3. Brief erzählt Nuri von den bösen Schwarzzahnmonstern. Könnt ihr euch vorstellen, was diese Geschichte mit Nuris Erlebnissen in Bagdad und in der Schule in Deutschland zu tun hat?
   - Warum erzählt Nuri nur der Tante von ihren Schwierigkeiten?

5. Schreibe Nuris nächsten Brief an die Tante, entweder von Hand oder mit dem Computer. Überlege vorher:
   - Wie formulierst du die Anrede, den Schlusssatz und Gruß?
   - Was möchtest du mitteilen?
   - Was könntest du fragen?

6. Wie es mit Nuri und Patrick weitergeht, kannst du im Buch „Nuri und der Geschichtenteppich“ von Andrea Karimé nachlesen.

Zungenbrecher aus Nah und Fern

Sprecht einen dieser Zungenbrecher zweimal ohne Pause und ohne Fehler. Wer ist am schnellsten? Wer kann die Texte auch im eigenen Dialekt sprechen?

Hender Herrmanns Hannes Haus, hangad hondert Hemmad naus,
hondert Hemmad hangad naus hender Herrmanns Hannes Haus.
(schwäbisch – Hinter Herrmanns Hannes Haus hängen hundert Hemden raus, hundert Hemden hängen raus hinter Herrmanns Hannes Haus.)

Birnbohm schreibd ma middn Birnbohm-Beh und
Bappelbohm schreibd ma middn Bappelbohm-Beh.
(sächsisch – Birnbaum schreibt man mit dem Birnbaum-B und Pappelbaum schreibt man mit dem Pappelbaum-P.)

Ka klans Kind kon kan klan Kerschkern klan kliebm.
(österreichisch – Kein kleines Kind kann einen kleinen Kirschkern spalten.)

Wenn beim Bangkoker Ping-Pong-Pokal die Bangkoker auf ihrer Bank
hocken und bange gucken, wie die Pekinger Ping-Pong-Profis
die Bangkoker von der Platte pauken, dann kochen die Bangkoker.

BÜCHER in der Schule

Einladung zur Projektwoche: Kirsten Boie und ihre Bücher

Liebe Klasse 3c,
in der Woche vom 20. bis 24. März findet eine Projektwoche rund um die Bücher von Kirsten Boie statt. Jeder darf ein Buch von der Autorin lesen und es vorstellen.

Am Freitag, 31. März, kommt Kirsten Boie zu uns an die Schule. Sie liest aus ihrem Buch **„Bestimmt wird alles gut"**.

Was möchtet ihr von der Autorin wissen? Überlegt euch Fragen.

Viele Grüße
eure Klassenlehrerin

Malte hat sich ein Buch von Kirsten Boie ausgesucht und stellt es vor.

Meine Buchvorstellung

Ich stelle euch den Roman „King-Kong, das Krimischwein" von Kirsten Boie vor. Ich habe das Buch ausgewählt, weil ich Meerschweinchen und Krimis mag.

Es handelt von Jan-Arne und seinem Meerschweinchen King-Kong. Eigentlich wollen die beiden nur zum Zoogeschäft, um King-Kongs Krallen schneiden zu lassen. Auf dem Weg dahin entdecken sie einen Einbrecher und beschatten ihn, bis der Mann die beiden entdeckt. Es stellt sich heraus: Der Mann ist kein Einbrecher, sondern hat nur seinen Hausschlüssel verloren. Den findet er dank King-Kong aber wieder.

Das Buch wird allen gefallen, die Meerschweinchen und spannende Geschichten mögen. In der Buchreihe rund um Jan-Arne und King-Kong sind viele Bücher erschienen, die alle einen Schweine-Namen im Titel haben: King-Kong – das Geheimschwein, das Fußballschwein, das Reiseschwein, das Weihnachtsschwein …

Klappentext

Jan-Arne guckt am liebsten Krimis. Als er und sein Freund Michi dann selbst einen Einbruch beobachten, wissen sie, was zu tun ist. Jan-Arne beschattet den Verbrecher, doch ein bisschen mulmig ist ihm schon. Zum Glück hat er sein mutiges Meerschweinchen King-Kong dabei!

Steckbrief

Name:
Kirsten Boie

Geburtstag:
19. März 1950

Wohnort:
bei Hamburg

Beruf:
zuerst Lehrerin,
später Autorin

erfolgreiche Bücher:
- King-Kong-Reihe
- Linnea-Reihe
- Der kleine Ritter Trenk

Titelseite (Cover) ✓

Maltes Lieblingsstelle ✓

Meine Lieblingsstelle aus King-Kong, das Krimischwein:

Jan-Arne verfolgt den Einbrecher. Dann hüpft King-Kong von seinem Arm auf den Gehweg. Doch der Mann kann das Meerschweinchen einfangen.

Da schnauft der Verbrecher plötzlich ganz komisch. „Nein, das ist ja wirklich unglaublich!“, sagt er mit so einer fröhlichen Stimme, dass die Angst in Jan-Arne schon gleich ein bisschen kleiner wird. „Nein, das glaubt mir ja keiner!“ Dann steht er langsam auf. Mit einer Hand hält er King-Kong. Mit der anderen hält er einen Schlüsselbund. (Seite 49)

BÜCHER

in der Bibliothek

Liest du gerne Kinderromane wie Pippi Langstrumpf oder Nils Holgersson? Magst du Detektivgeschichten wie „Die drei Fragezeichen“? Oder lieber Fantasie-Erzählungen? Liest du gern Märchen oder Sagen? Oder willst du dich über Tiere, Fahrräder oder Eisenbahnen informieren? Interessierst du dich für ferne Länder und Völker, vielleicht die Indianer? Magst du Pferdegeschichten oder erfährst du lieber etwas über Eisbären? Möchtest du am liebsten einen Kinderfilm anschauen und gar nicht lesen? Dann ist eine Bibliothek der richtige Ort für dich.

Woher kommt **das Wort „Bibliothek“**? Das Wort „Bibliothek“ kommt aus dem Griechischen und bedeutet so viel wie „Büchersammlung“. Fast jede Stadtbücherei hat eine extra „Büchersammlung“ für Kinder und Jugendliche mit allen Arten von Büchern oder Zeitschriften und auch Filmen, CDs und DVDs. Hier kannst du mehr erfahren über das, was dich interessiert.

Gehe beim ersten Mal mit deinem Vater oder deiner Mutter in die Bücherei. Dort erhältst du einen Leseausweis und erfährst die Ausleih-Regeln. Dann kannst du in Büchern und Comic-Heften herumstöbern, dir alles anschauen, durchblättern und lesen. Viel Spaß dabei!

Aufgaben → S. 168

Schafe im Internet

Netikette* – Benimmregeln fürs Internet

Stelle keine privaten Daten ins Netz! Dazu gehören zum Beispiel deine Handy- oder Festnetznummer, deine Postanschrift und deine Passwörter.

Achte auf Urheberrechte. Texte, Bilder, Filme und vieles mehr sind geistiges Eigentum. Das heißt, du darfst sie dir anschauen, aber nicht einfach für dich verwenden und kopieren.

Behandle die anderen so, wie auch du behandelt werden möchtest – mit Höflichkeit und Respekt. Verwende also keine Schimpfwörter, wenn du etwas im Internet schreibst.

* Netikette: Das Wort setzt sich zusammen aus „Internet“ und „Etikette“ (Umgangsformen).

Aufgaben ⇢ S. 168

Dschonghi und der Computer

Ein Zukunftsmärchen

Bei einem seiner Spaziergänge stieß Dschonghi auf einen kleinen Computer, der am Wegesrand im Sterben lag. Todkrank blinkten seine kleinen Leuchtdioden und sein Bildschirm leuchtete nur noch matt. Den Jungen rührte es, wie der kleine Computer so hilflos dalag und er sprach ihn an: „Na Kleiner? Wer hat denn dich hier ausgesetzt?“

Der kleine Computer war längst zu schwach zum Antworten, er schien gar nicht mehr zu verstehen, was er gefragt worden war. Also bückte sich Dschonghi und nahm ihn mit. Zu Hause legte er den Computer auf seinen Tisch und beobachtete ihn eine Weile.

„Du brauchst etwas zu essen, nicht wahr?“, fragte er schließlich. Da der kleine Computer nicht antwortete, gab der Junge ihm 220 Volt aus der Steckdose. „Ups“, machte der kleine Rechner und seine Leuchtdioden fingen heftig an zu blinken. „Besser jetzt?“, fragte Dschonghi. „Gib mir nur ein bis zwei Minuten zum Booten*, dann bin ich so weit, okay?“, sagte der kleine Computer matt. Dschonghi wartete. Der kleine Computer bootete vor sich hin, als wollte er nie mehr damit aufhören.

Dschonghi überlegte, ob er den Stecker wieder rausziehen sollte, da meldete sich der Kleine mit fester Stimme: „Sieben mal sieben ist neunundvierzig!“ „Schön“, sagte Dschonghi erstaunt, „aber wen interessiert das?“ „Der Mond hat einen Durchmesser von 3 476 Kilometern“, sprudelte es aus dem kleinen Rechner, „Texas hat 16 Millionen 685 Tausend Einwohner. Die beste Milchkuh von Norwegen gibt pro Jahr 11 982 Liter Milch. Der Dreißigjährige Krieg dauerte genau …“

*Booten: Hochfahren eines Computers

„Halt“, rief der Junge, „hör auf! Wer will das wissen? Weißt du nicht etwas Wichtiges?“

„Bitte?“, fragte der kleine Computer. „Was zum Beispiel?“ „Na“, überlegte Dschonghi, „zum Beispiel warum ich manchmal einfach traurig bin oder warum der Regenbogen auf der anderen Seite der Welt nicht weitergeht. Oder woher meine Schwester gekommen ist oder warum meine Mutter beim Staubsaugen immer singen muss oder wo mein Vater den ganzen Tag lang ist oder warum ich abends nicht einschlafen kann, wenn meine Mutter nicht noch einmal ans Bett kommt.“

„Moment“, sagte der kleine Computer, „das ist eine Menge!“ „Aber ich möchte noch viel mehr wissen“, sagte Dschonghi, „pass auf …“ „Halt, halt! Ich kann dir so was nicht beantworten. Dafür habe ich keine Programme.“

„Mist“, sagte Dschonghi, „kannst du dann wenigstens mein Zimmer aufräumen, meine Hausaufgaben machen und meiner kleinen Schwester ihren Schnuller wieder reinstecken, wenn sie quengelt?“ „Ich denke … ich weiß nicht …“, fing der Computer an. „Oder Rasen mähen oder Handstandüberschlag oder dem Pitty aus der Achten eins aufs Maul geben?“ „Das ist so, dass …, ich denke …“, murmelte der Computer wieder.

„Na“, fragte Dschonghi, „was denkst du?“

„Sieben mal sieben ist neunundvierzig“, rief der kleine Computer trotzig.

„Mist“, sagte Dschonghi und zog den Stecker raus. Die Leuchtdioden blinkten noch ein wenig, flackerten, dann gingen sie aus.

Reinhold Ziegler

Paul Maar

Als Paul Maar noch ein kleiner Junge war, starb seine Mutter. Sein Vater heiratete wieder. Damals herrschte der Zweite Weltkrieg und auch Pauls Vater war Soldat und geriet nach dem Krieg in Gefangenschaft.

In dieser Zeit lebte Paul mit seiner Stiefmutter bei den Großeltern auf dem Land. Der Großvater besaß eine Gastwirtschaft. Zur Unterhaltung erzählte er seinen Gästen Geschichten. Paul hörte aufmerksam zu. Bald erfand er selbst kleine Geschichten und schrieb sie in ein Heft.

Als Pauls Vater aus der Kriegsgefangenschaft zurückkehrte, zog die Familie wieder in die Stadt. Weil der Vater Bücher nicht mochte, las sie Paul bei einem Freund. Paul besuchte das Gymnasium und arbeitete an der Schülerzeitung mit. Nach der Schule studierte er Malerei und arbeitete als Bühnenbildner, Fotograf und Kunstlehrer.

Seit fast 30 Jahren schreibt Paul Maar nun Kinderbücher und Theaterstücke. Zu vielen Büchern hat er selbst die Bilder gemalt. Für seine Bücher hat er viele Preise erhalten. Einige Bücher wurden auch verfilmt, zum Beispiel „Das Sams“ und „Lippels Traum“.

Paul Maar hat drei erwachsene Kinder und lebt mit seiner Frau Nele in Bamberg. Seine Tochter Anne Maar schreibt auch Kinderbücher.

Steckbrief

Name:
Paul Maar

Geburtsjahr:
1937

Wohnort:
Bamberg

Beruf:
- Kinderbuchautor
- Illustrator
- Drehbuchautor
- Theaterautor

Kinderbücher, Hörspiele, Hörbücher, E-Books, Filme –
Paul Maar lässt seine Geschichten in vielen Medien lebendig werden …

Die Klasse 3c hat Paul Maar einen Leserbrief am Computer geschrieben.

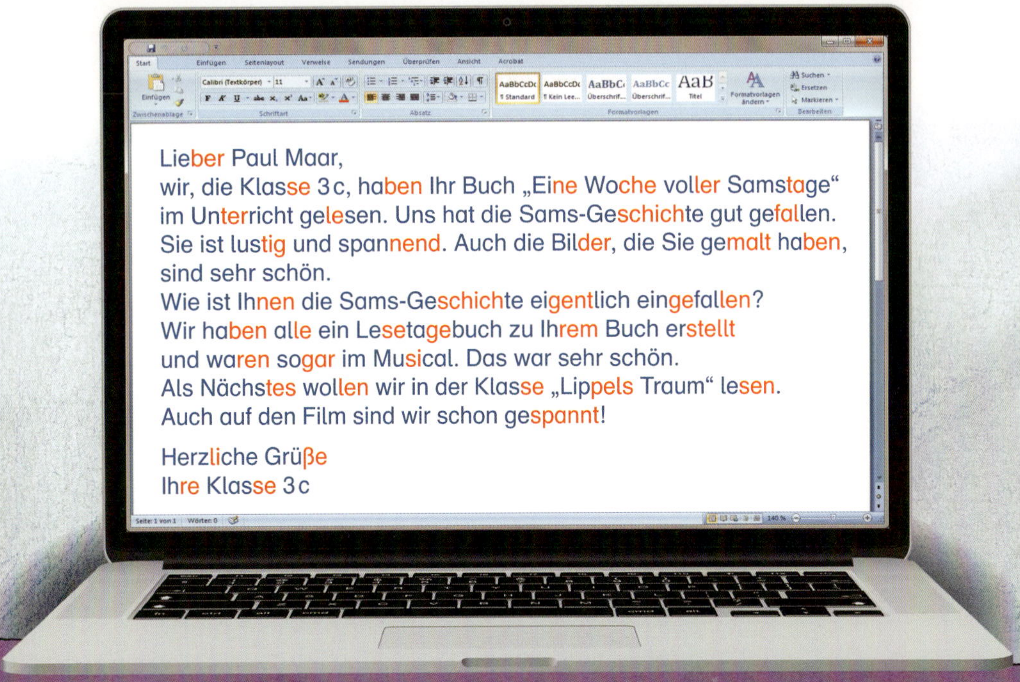

Lieber Paul Maar,
wir, die Klasse 3c, haben Ihr Buch „Eine Woche voller Samstage“ im Unterricht gelesen. Uns hat die Sams-Geschichte gut gefallen. Sie ist lustig und spannend. Auch die Bilder, die Sie gemalt haben, sind sehr schön.
Wie ist Ihnen die Sams-Geschichte eigentlich eingefallen?
Wir haben alle ein Lesetagebuch zu Ihrem Buch erstellt und waren sogar im Musical. Das war sehr schön.
Als Nächstes wollen wir in der Klasse „Lippels Traum“ lesen.
Auch auf den Film sind wir schon gespannt!

Herzliche Grüße
Ihre Klasse 3c

Aufgaben ⇢ S. 169

Lippels Traum: Die Geschichte im Film

Der schüchterne 11-jährige Philipp, genannt Lippel, wohnt mit seinem Vater Otto Mattenheim, einem bekannten Koch, in Passau. Als Otto auf Geschäftsreise geht, soll die neue Haushälterin, Frau Jakob, auf Lippel aufpassen. Die entpuppt sich als Kinderschreck. Sie schikaniert Lippel den ganzen Tag. Sogar das Buch mit den „Märchen aus Tausendundeiner Nacht" nimmt sie ihm weg.

Lippel flüchtet aus dem trostlosen Alltag in seine Träume: eine orientalische* Märchenwelt. Dort verwandelt sich sein Vater in einen König, dessen Kinder von der bösen Tante, am Tag die böse Frau Jakob, weggeschafft werden. Sie will selbst an die Macht. Lippels Mitschüler Hamide und Arslan, zwei Migrantenkinder**, werden im Traum zum königlichen Geschwisterpaar. Mit ihnen zusammen erlebt Lippel nun aufregende Abenteuer in der Wüste. Mit Zauberkunststücken und einer Taschenlampe, die er aus der Jetztzeit in die frühere Traumzeit mitbringt, beeindruckt er die Erwachsenen. Während er am Tag den Schikanen von Frau Jakob ausgesetzt ist, spielt er in seinem Traum die Rolle eines Helden. Eines Tages hört er sogar, wie Frau Jakob ihrer Mutter erzählt, dass sie seinen Vater heiraten will. Nur der ungezogene Sohn muss noch aus dem Haus.

Bald überschlagen sich die Ereignisse in beiden Welten. Zunächst machen die Traum-Kinder die Bekanntschaft der liebenswerten Tochter des Herbergswirtes. (Serafina erinnert Lippel an die Mitarbeiterin in Vaters Restaurant, die heimlich in seinen Vater verliebt ist.) Und dann wollen Palastwächter die Kinder töten. Im Palast hat die böse Tante den Thron erobert. Aber der schlaue Lippel hat einen Plan zur Rettung gefunden. Die böse Tante wird selbst in die Wüste geschickt, der König kann seine geliebten Kinder in die Arme schließen und Lippel ist der große Held. Wie geht es nun in der Realität weiter? Hat Lippel durch seinen Traum gelernt, sich gegen Frau Jakob und ihre familiären Pläne zu wehren? Wird es ihm gelingen, seinem Vater die Augen zu öffnen, damit er erkennt, welch liebenswerte Frau seine Mitarbeiterin Serafina ist?

* orientalisch: frühere arabische Welt
** Migrantenkinder: Kinder, die selbst oder deren Eltern aus einem anderen Land kommen

Aufgaben ⇢ S. 169

Lippels Traum: Der Film

Für die Kinderrollen wurden 500 Kinder gecastet*. Die Entscheidung für Alexander Seidel traf der Regisseur nach nur zwei Minuten. Zur Zeit der Dreharbeiten war Alexander 12 Jahre alt.

Fast alle Schauspieler im Film spielen eine Doppelrolle. Moritz Bleibtreu kommt in der realen Welt als Lippels Vater und in der Traumwelt als orientalischer König vor. Die neuen Mitschüler Hamide und Arslan sind im Traum Prinz Asslam und seine Schwester. Frau Jakob, die Lippel das Buch „Märchen aus Tausendundeiner Nacht“ wegnimmt, ist im Traum die böse Schwägerin des Königs.

Der Film lässt einiges aus dem Buch weg und fügt andere Teile hinzu. Das ist deshalb notwendig, weil ein Film nur 90 Minuten dauert. Die Handlung in einem Buch kann sehr viel umfangreicher erzählt werden. Im Film lebt Lippel mit seinem Vater allein. Deshalb kann Frau Jakob ein Auge auf Lippels Vater werfen. Die Aussicht, dass Frau Jakob seinen Vater heiraten könnte, verstärkt im Film Lippels Abneigung gegen sie.

Drehorte waren die Stadt Passau, eine alte Gießerei** in München und Marokko. So gelang es dem Regisseur, die reale Welt und die orientalische Traumwelt zu erschaffen. Das Thronzelt des Herrschers wurde in München aufgebaut und per Computer in den Orient versetzt. So entsteht im Film ein schöner Kontrast zwischen dem realen Leben in Passau und der märchenhaften Traumwelt.

Aufgaben ⇢ S. 169

* casten: für eine Rolle im Film auswählen
** Gießerei: Handwerksbetrieb, in dem Metall in Form gegossen wird

Buchausschnitt: Lippels Wunderfackel

Lippels Eltern sind verreist und Frau Jakob versorgt ihn in dieser Zeit. Frau Jakob nimmt Lippel aber sein Lieblingsbuch „Die Märchen aus Tausendundeiner Nacht“ weg. Im Bett träumt Lippel die angefangene Geschichte weiter. Arslan und Hamide, die beiden Neuen in der Klasse, werden zu Prinz Asslam und Prinzessin Hamide. Die Taschenlampe, die er mit ins Bett genommen hat, hat er auch in der Traumgeschichte dabei.

Lippel, Prinz Asslam und Prinzessin Hamide müssen Geld verdienen, hier am Abend auf dem Markt. Vor den Läden stecken brennende Fackeln in eisernen Halterungen, die Handwerker haben Öllampen über der Tür aufgehängt und in offenen Öfen verfeuern Leute getrockneten Kamelmist, um Teewasser zum Kochen zu bringen.

Asslam schlägt auf seine Trommel, einige Zuschauer versammeln sich und Hamide spielt etwas auf ihrer Flöte aus Schilfrohr. Es klingt nicht besonders gut, die Zuschauer finden das auch und wenden sich ab. Da nimmt Lippel die Trommel und ruft laut:

„Wer jetzt nicht geht, der ist sehr schlau,
denn nun beginnt die Zauberschau.
Ein jeder Mann, ein jedes Kind,
sieht jetzt die Schau, die nun beginnt.
Nur wer jetzt geht, der sieht sie nicht
und hört auch nicht, was Lippel spricht
und sieht auch nicht, was Lippel macht,
hier auf dem Marktplatz, in der Nacht!“

„Nicht schlecht, wie der Junge reimt!“, sagt jemand aus der Menge. Andere fordern ihn auf: „Zeig mal deine Zauberkunst!“ Lippel ruft weiter:

„Will man den Lippel zaubern sehn,
dann darf man nicht nach Hause gehn!
Wer jetzt nicht geht, der sieht genau
die große Lippel-Zauberschau.“

Ein Lesetagebuch führen ⇢ S. 199

Ein Zuschauer tönt: „He, Lippel, es geht doch gar keiner. Fang endlich an!" Die Menschen werden ungeduldig. Da zieht Lippel seine Taschenlampe heraus. Er schwenkt sie über dem Kopf hin und her. Mit lauter Stimme erklärt er:

„Das Ding, mit dem ich hier jetzt wackel,
das ist die Silber-Zauber-Fackel."

Dann zeigt er seine Taschenlampe herum. Ein Silberschmied ist besonders begeistert: „Feinste Arbeit! Es glänzt wie Silber, ist aber anders. Das Metall habe ich noch nie gesehen. Oben ist eine kreisrunde Glasplatte kunstvoll eingesetzt. Sehr schön! – Aber eine Fackel ist das nicht. Sie kann nicht brennen." Die anderen nicken beifällig. Als Lippel die Taschenlampe wieder in der Hand hat, hält er sie in die Höhe und sagt feierlich:

„Noch brennt die Wunderfackel nicht.
Doch wenn der Lippel ‚Osram' spricht,
erstrahlt ihr helles Zauberlicht!"

Er legt den Daumen auf den Schalter, macht eine große Geste mit der anderen Hand und ruft: „Osram!" Gleichzeitig knipst er die Taschenlampe an – eine erstklassige Stablampe mit vier Batterien und dementsprechend hell. Ein allgemeiner Aufschrei des Staunens ertönt. Dann richtet Lippel den Lichtstrahl nach oben auf die dicken Regenwolken. Verblüfft rufen die Zuschauer durcheinander: „Wie heiß das Feuer ist! Bis in den Himmel leuchtet die Fackel!" Alle, die hinten stehen, drängen sich nach vorn und wollen die Wunderfackel sehen.

Mit dem Zauberwort „Mississippi" knipst Lippel die Taschenlampe aus, mit „Osram" wieder an. Und nach ein paar weiteren Zaubertricks werfen die begeisterten Zuschauer viele Münzen in den Turban*, den Asslam für die Spenden bereithält.

Paul Maar

Aufgaben ⇢ S. 169

* Turban: orientalische Kopfbedeckung für Männer

• Moderne Medien – Unterhaltung und Lernen

Moderne Medien bieten Unterhaltung, regen aber auch zum Lernen an. Das Fernsehen lässt Geschichten lebendig werden. In Computerspielen kannst du in andere Rollen schlüpfen und Abenteuer bestehen. Im Internet gibt es viel zu entdecken – Geschichten, Spiele, Bastelanleitungen und vieles mehr. Auf Tablets oder Smartphones kannst du Bücher lesen oder dir auch vorlesen lassen.

•• Moderne Medien – Unterhaltung und Lernen

Moderne Medien sind für die meisten Kinder faszinierend. Sie bieten Unterhaltung, regen aber auch zum Lernen an. Das Fernsehen lässt Geschichten lebendig werden und behandelt interessante Themen. Computerspiele bieten die Gelegenheit, Spiele zu spielen oder in Rollen zu schlüpfen und Abenteuer zu erleben. Lernprogramme auf CD-ROM* unterstützen beim Lernen. Im Internet gibt es viel zu entdecken: Geschichten, Spiele, Malprogramme, Bastelanleitungen … Auf Tablets oder Smartphones kannst du Bücher lesen oder dir auch vorlesen lassen. Per E-Mail oder Chat** ist ein Austausch mit entfernt wohnenden Verwandten möglich. Medien können zu Gesprächen anregen und helfen, sich genau auszudrücken – vor allem dann, wenn du sie mit Erwachsenen gemeinsam nutzt.

* CD-ROM: Darauf können Daten wie Texte, kurze Filme oder Musik gespeichert werden.
** Chat: englisches Wort für Gespräch / Unterhaltung

••• Moderne Medien – Unterhaltung und Lernen

Moderne Medien sind für die meisten Kinder faszinierend. Warum? Sie bieten Unterhaltung, regen aber auch zum Lernen sowie zum Mit- und Nachmachen an.

Das Fernsehen lässt Geschichten und Bilder lebendig werden und behandelt Themen, die Kinder interessieren. Computerspiele bieten die Gelegenheit, Spiele zu spielen oder in Rollen zu schlüpfen und Abenteuer zu erleben. Gut gemachte Lernprogramme auf CD-ROM unterstützen zusätzlich beim Lernen. Im Internet mit seinen „unbegrenzten Möglichkeiten“ gibt es viel zu entdecken: Geschichten, Spiele, Malprogramme, Bastelanleitungen … – es gibt kaum etwas, was du dort nicht findest. Zugleich lässt sich das Internet als Informationsquelle nutzen.

Auf Tablets oder Smartphones kannst du Bücher lesen oder dir auch vorlesen lassen. Für viele Kinder ist es dabei ganz selbstverständlich, den Touchscreen (Tastbildschirm) zu bedienen. Per E-Mail oder Chat-Programmen ist ein Austausch mit entfernt wohnenden Freunden und Verwandten problemlos möglich.

Moderne Medien können zu Gesprächen anregen und helfen, sich genau auszudrücken – vor allem, wenn du sie mit Erwachsenen gemeinsam nutzt. Überlegt zusammen, welche Medienangebote sinnvoll sind und wann du dich damit beschäftigst. Wer fit sein will im Umgang mit modernen Medien, sollte mehr wissen als nur, welche Knöpfe zu drücken sind.

Stelle dir folgende Fragen und schreibe in dein Lerntagebuch:

- Wie schätze ich mich beim Lesen ein? Male ☺ 😐 ☹.
- Welchen Text konnte ich flüssig lesen? Wem lese ich den Text vor?
- Welchen Text habe ich gut verstanden? Worum geht es darin?
- Welche schwierigen Wörter oder Textstellen möchte ich noch üben?

Du kannst dein Lerntagebuch ⇢ S. 197 für deine Lernerfahrungen nutzen.

Bücher in der Schule, S. 154/155

1. Welche Texte könnt ihr auf S. 154/155 entdecken? Warum gehören sie zusammen? Tauscht euch aus.
2. Was wird auf S. 154 angekündigt?
3. Vergleiche die Buchvorstellung mit dem Klappentext. Stehen in beiden Texten die gleichen Informationen?
4. Verfasse eine eigene Buchvorstellung und präsentiere sie in der Klasse. Du kannst dein Lieblingsbuch auch mit einer Lesekiste vorstellen. Die Seite „Ein Buch vorstellen“ ⇢ S. 200 mit der Checkliste hilft dir.
5. Sucht euch eine Textstelle in eurem Lieblingsbuch aus und setzt sie zum Beispiel als Comic, Hörtext … um. Ideen hierzu findet ihr auf S. 201.
6. Gebt euch gegenseitig Rückmeldung zu eurer Buchvorstellung.

Bücher in der Bibliothek, S. 156

1. Welche Arten von Büchern lest ihr gerne in der Klasse? Erstellt eine Hitliste.
2. Erkläre das Wort „Bibliothek“. Dort gibt es nicht nur Bücher. Was noch?
3. In welche Bücherei gehst du? Wo stehen deine Lieblingsbücher? Wie findest du dich in der Bücherei zurecht?

Bücherhitliste – Klasse 3c
- Märchen 𝍸 I
- Tiergeschichten 𝍸 II
- Fantasiegeschichten IIII
- Krimis 𝍸 III
- Sachbücher III

Schafe im Internet, S. 157

1. Worum geht es in dem Comic? Erzähle ihn nach.
2. Nutzt das Mädchen den Computer sinnvoll? Begründe.
3. Lest gemeinsam die Netikette und schaut euch noch einmal den Comic an. Welche Regeln hat das Mädchen beachtet?
4. Was machst du alles mit dem Computer? Erzähle.

Dschonghi und der Computer, S. 158/159

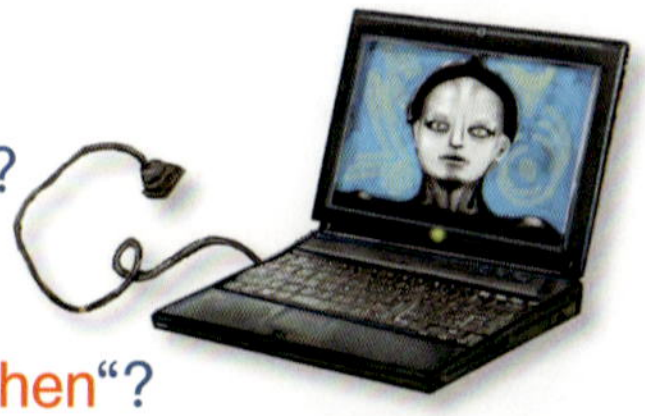

1. Was möchte Dschonghi von dem Computer wissen? Warum zieht Dschonghi schließlich den Stecker?
2. Warum nennt der Autor den Text ein „Zukunftsmärchen“?

Paul Maar, S. 160/161

1. Lest zu zweit den Text zu Paul Maar. Stellt euch Fragen, die ihr mithilfe des Texts beantworten könnt.
2. Welche Bücher und Hörspiele von Paul Maar kennst du? Kennst du einen Film nach einem seiner Bücher? Erzähle.
3. Verfasst gemeinsam einen Leserbrief an Paul Maar oder an einen anderen Autor, den ihr gerne lest. Viele Autoren haben im Internet auch eine eigene Homepage*. Gestaltet den Brief entweder von Hand oder nutzt den Computer.

Lippels Traum: Die Geschichte im Film / Der Film, S. 162/163

1. Lies den Text „Die Geschichte im Film“. Lesetipp 3 → S. 191 hilft dir.
2. Welche Rolle spielt der Vater in der Tagwelt, welche in der Traumwelt? Beantworte diese Frage auch für die weiteren Personen.
3. Warum ist die Handlung im Film anders als die Handlung im Buch?
4. „Lippels Traum“ gibt es als Buch und als Film. Was macht das Buch besser als der Film? Was ist im Film besser als im Buch? Vielleicht habt ihr ja Lust, euch den Film anzuschauen.

Buchausschnitt: Lippels Wunderfackel, S. 164/165

1. a) Wähle einen Vorschlag von S. 199 für einen Beitrag zu einem Lesetagebuch aus und schreibe eine Seite zum Text „Lippels Wunderfackel“.
   b) Tausche dich mit einem Partner darüber aus.
   c) Sammelt alle Blätter an der Tafel und sprecht darüber.
2. Spielt die Szene „Lippels Wunderfackel“ und filmt sie (→ S. 202).

* Homepage: englischer Begriff für die Internetseiten, zum Beispiel einer Person

Die vier Jahreszeiten

Der Frühling

Mit duftenden Veilchen komm ich gezogen,
Auf holzbraunen Käfern komm ich gebrummt,
Mit singenden Schwalben komm ich geflogen,
Auf goldenen Bienen komm ich gesummt.
Jedermann fragt sich, wie das geschah:
Auf einmal bin ich da!

Der Sommer

Ich bin der Sommer. In erbsgrünen Hosen,
Kirschrotem Wams zieh ich lustig einher.
Heb ich den Finger, blühen die Rosen.
Heb ich die Hand, rauscht die Welle im Meer.
Spiel ich die Flöte, tanzt der Delphin,
Duftet's nach Wiesengrund und nach Jasmin.

Der Herbst

Ich bin, das läßt sich nicht bestreiten,
Die herbste aller Jahreszeiten:
Raue Winde, scharf wie Säbel,
Welke Wälder, graue Nebel.
Die Vögel klagen leise, leise
Und gehen auf die Winterreise.
Dann lischt die Sommersonne aus.
Holt eure Gummischuhe raus!

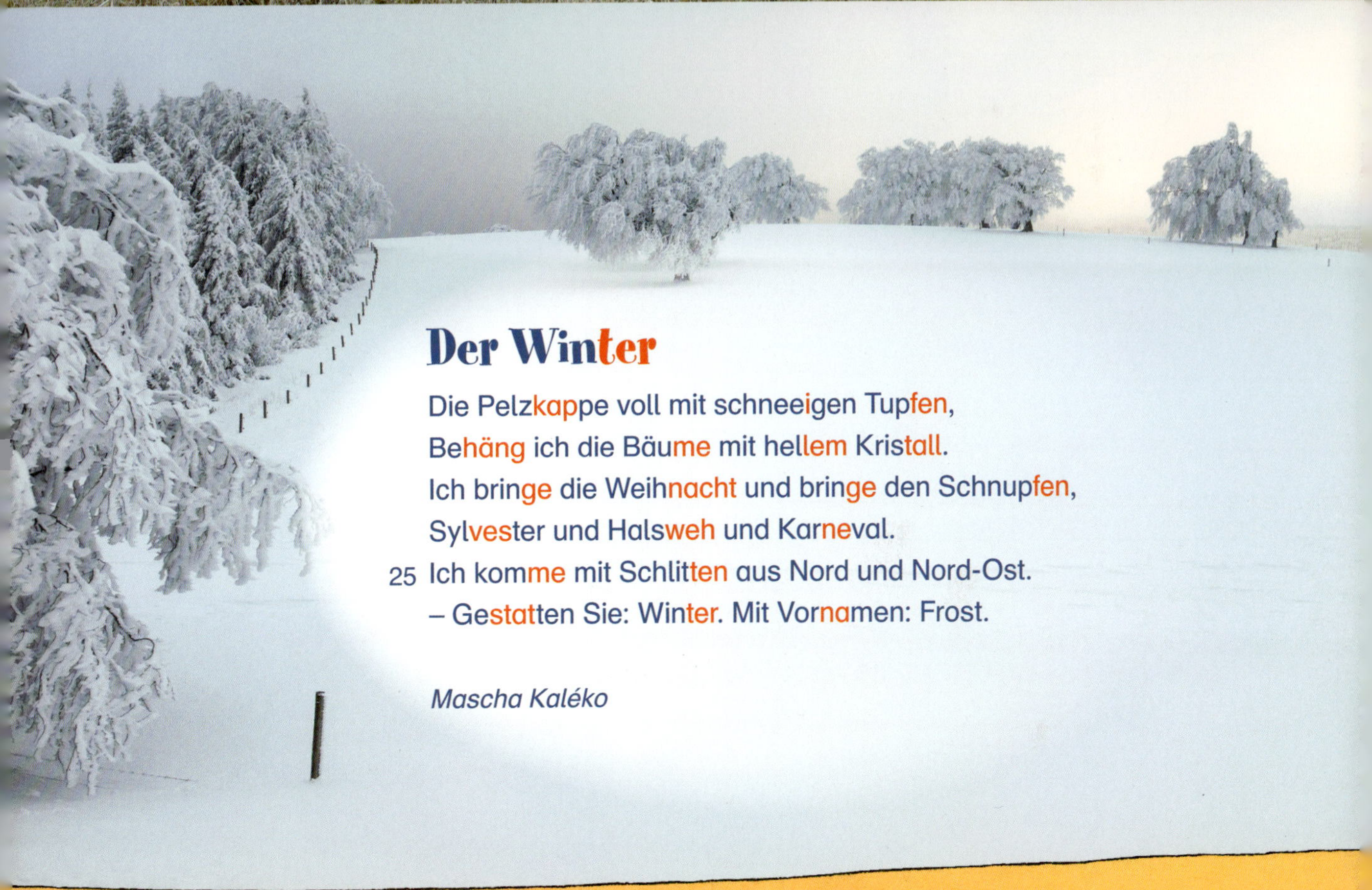

Der Winter

Die Pelzkappe voll mit schneeigen Tupfen,
Behäng ich die Bäume mit hellem Kristall.
Ich bringe die Weihnacht und bringe den Schnupfen,
Sylvester und Halsweh und Karneval.
Ich komme mit Schlitten aus Nord und Nord-Ost.
– Gestatten Sie: Winter. Mit Vornamen: Frost.

Mascha Kaléko

Aufgaben ⇢ S. 187

Herbst

Im Herbst muss man Kastanien aufheben,
die braun aus stachliger Schale streben;
man sammelt und sammelt um die Wette
und fädelt sie zu einer endlosen Kette.

Im Herbst muss man Haselnüsse essen,
das darf man auf keinen Fall vergessen!
Man muss sich beeilen, denn das Eichhorn mag sie auch
und plündert mit Windeseile den Strauch.

Im Herbst muss man Äpfel und Birnen schmausen,
doch nicht aus des Nachbarn Garten mausen.
Man muss sich mit eignen Früchten befassen
oder sich nicht erwischen lassen.

Im Herbst muss der bunte Drachen steigen.
Man muss ihm den Weg in den Himmel zeigen.
Dann schwebt er hoch über Nachbars Dach
und man reckt den Hals und schaut ihm nach.

Ilse Kleberger

Aufgaben → S. 187

Halloween

In der Nacht vom 31. Oktober auf den 1. November huschen schaurig verkleidete Kinder durch die Straßen und klingeln an Haustüren. Kürbis-Laternen zieren Gärten und Balkone. Auch Halloween-Partys werden gefeiert. Was hat es mit all dem auf sich?

Vermutlich geht Halloween auf eine Tradition der Kelten* zurück. Sie unterschieden nur zwei Jahreszeiten. Der Sommer war die Zeit des Lebens, der Winter die Zeit des Todes. In der Nacht vom 31. Oktober auf den 1. November feierten sie ein Fest für ihre Toten. Viele Iren, Nachfahren der Kelten, sind in die USA ausgewandert. So verbreitete sich dieser Brauch vor allem dort.

Am 1. November feiern die Katholiken seit über tausend Jahren das Fest „Allerheiligen“, im Englischen „All Hallows“. Der Abend davor, der „All Hallows Evening“, wurde mit „Halloween“ abgekürzt.

Die als Fledermäuse, Geister, Hexen, Skelette oder Vampire verkleideten Kinder greifen den Brauch der Kelten wieder auf. Sie verlangen von den Bewohnern an den Haustüren Süßigkeiten. Bekommen sie keine, drohen sie mit einem – allerdings harmlosen – Streich. Trick-or-treat! Gib Süßes oder es gibt Saures!

Die Kürbis-Fratze sollte böse Geister vom Haus fernhalten.

Noch heute erzählt man sich die schaurige Legende von Jack Oldfield, einem Bösewicht. Er soll einmal den Teufel überlistet haben. Jack schwatzte ihm das Versprechen ab, nach seinem Tod nicht in die Hölle zu müssen. Als Jack O starb, blieb ihm aber der Zugang zum Himmel wegen seiner Schandtaten verwehrt. Er musste von da an als Untoter einsam durch das Dunkel wandern. Aus Mitleid erhielt er vom Teufel ein Stück glühende Kohle. Jack legte sie in eine ausgehöhlte Rübe, die fortan seinen Weg beleuchtete. Daher heißen die Kürbis- oder Rüben-Laternen auch Jack O'Lantern.

Aufgaben → S. 187

* Kelten: Volksstamm aus Europa, der vor 2000 Jahren gelebt hat

Herbergssuche

Texte vorlesen und aufführen → S. 202

Beim dritten Wirt

Beim vierten Wirt

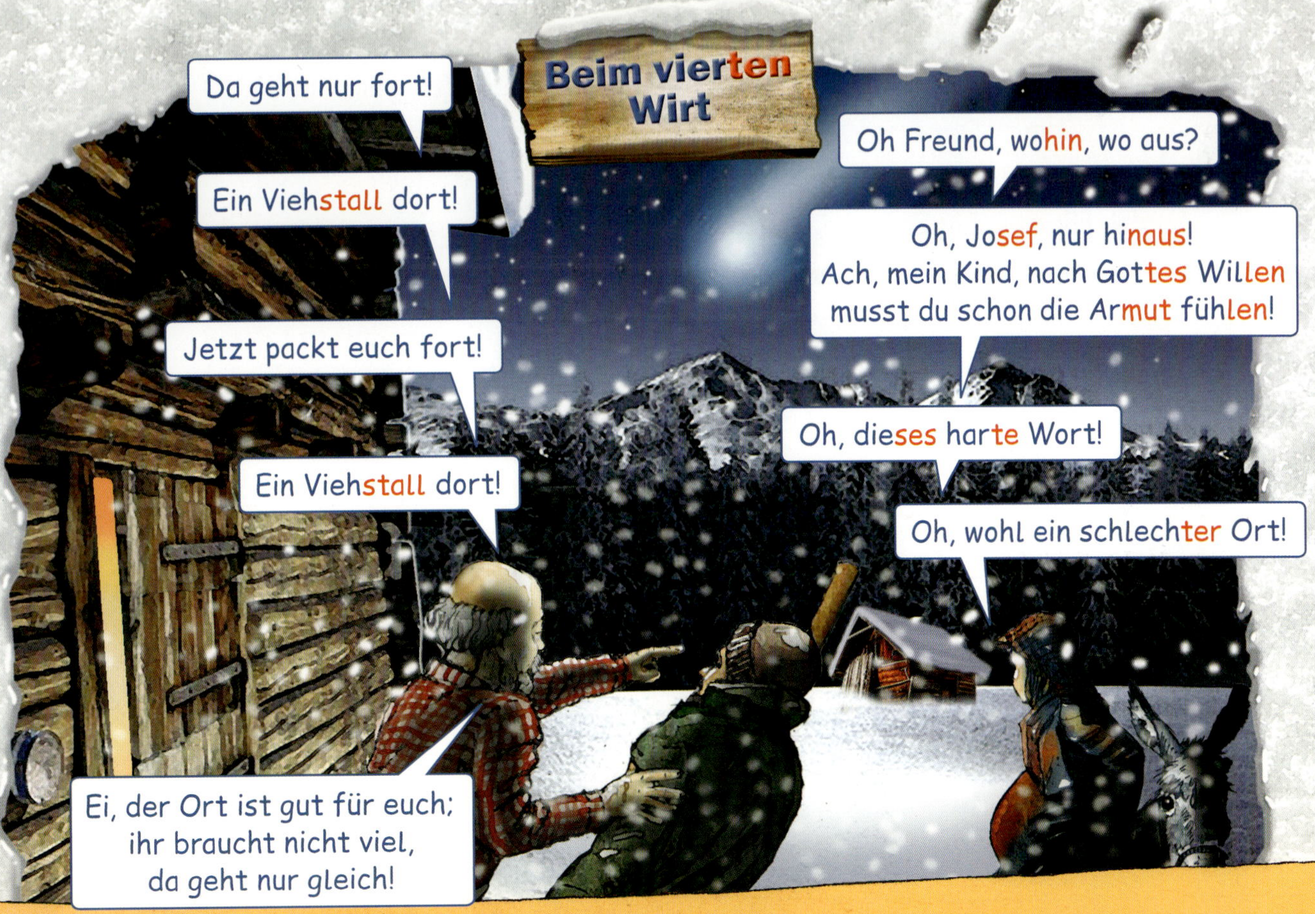

Aufgaben → S. 187

Kleines Hirtenspiel

Erzähler: Die Hirten sitzen nachts unter freiem Himmel um ein Feuer und hüten die Schafe. Da erscheint ihnen ein Engel.

1. Hirte: Die Schafe werden ganz unruhig. Ich sehe mal nach.

2. Hirte: Es wird ja ganz hell.

3. Hirte: Dort, ein Engel. Was will der von uns?

Engel: Habt keine Angst. Ich bringe euch eine gute Nachricht. Dort in dem Stall ist heute Jesus zur Welt gekommen.

Erzähler: Der Engel verschwindet wieder. Die Hirten beratschlagen, was zu tun ist.

2. Hirte: Ein Baby ist geboren, da geh' ich hin.

3. Hirte: Das muss ein besonderes Kind sein – ich komme mit.

1. Hirte: Wenn ihr geht, bin ich auch dabei.

2. Hirte: Aber – was wollen wir dem kleinen Kind schenken?

3. Hirte: Ein warmes Lammfell schenke ich ihm.

1. Hirte: Ich schenke ihm Brot und Käse.

2. Hirte: Ich spiele ihm auf meiner Flöte ein Lied vor.

1. Hirte: Die Hunde lassen wir bei der Herde. Sie werden die Schafe bewachen.

2. Hirte: Ich lege noch Holz auf das Feuer.

Erzähler: Die Hirten machen sich auf den Weg zum Stall. Ein Hirte rollt ein warmes Fell zusammen. Ein anderer packt Brot und Käse zusammen. Die Hunde lassen sie zum Schutz der Herde zurück.

Texte vorlesen und aufführen → S. 202

3. Hirte: Da drüben ist der Stall, von dem der Engel erzählt hat.

1. Hirte: Kommt, wir gehen hinein.

2. Hirte: Ich bin schon ganz aufgeregt. Ob das Kind schon schläft?

Erzähler: Die Hirten betreten den Stall. Im Halbdunkel sehen sie eine Frau und einen Mann. In der Futterkrippe liegt das Baby auf weichem Heu. Ein Esel und ein Ochse stehen dabei und wärmen das Kind. Ein Hirte wendet sich an Maria.

1. Hirte: Wir sind Hirten aus dieser Gegend. Ein Engel hat uns verkündet, dass ein ganz besonderes Kind hier geboren ist.

2. Hirte: Wir haben auch Geschenke mitgebracht.

3. Hirte: Ich schenke ihm ein warmes Fell, damit es in der kalten Nacht nicht friert.

1. Hirte: Ich habe Käse und Brot mitgebracht, damit ihr nicht hungern müsst.

2. Hirte: Ich möchte dem Kind ein Lied auf meiner Flöte vorspielen, damit es wieder einschlafen kann.

Erzähler: Der Mann bedankte sich für die Geschenke. Die Frau nickte freundlich und schaukelte die Krippe leicht hin und her. Die Hirten betrachteten noch einmal das Kind. Dann machten sie sich wieder auf den Heimweg zu ihren Schafen.

Aufgaben ⇢ S. 188

Tipps fürs neue Jahr

Notenbeschwörung (1)

Nach Abgabe
der Klassenarbeit zu murmeln

Hirsche und Schweine
haben vier Beine.
Mein Goldfisch hat keins,
ich will eine EINS!

Paul Maar

Notenbeschwörung (2)

Für etwas bescheidenere Schüler

Krötenbeine,
Hungersteine,
Rabenschnäbel,
Räubersäbel,
Drachenblut
und Echsenei:
Ich bekomme die Note 2!

Paul Maar

Aufgaben ⇢ S. 188

Gewitter

Der Himmel ist blau
Der Himmel wird grau
Wind fegt herbei
Vogelgeschrei
Wolken fast schwarz
Lauf, weiße Katz!
Blitz durch die Stille
Donnergebrülle
Zwei Tropfen im Staub
Dann Prasseln auf Laub
Regenwand
Verschwommenes Land
Blitze tollen
Donner rollen
Es plitschert und platscht
Es trommelt und klatscht
Es rauscht und klopft
Es braust und tropft
Eine Stunde lang
Herrlich bang
Dann Donner schon fern
kaum noch zu hör'n
Regen ganz fein
Luft frisch und rein
Himmel noch grau
Himmel bald blau!

Erwin Moser

Aufgaben ⇢ S. 188

Das ist ein Osterei

Sina wohnte in einem Hochhaus in der Weststadt. Sie fand die Aussicht im zwölften Stock ganz toll, man konnte über die ganze Stadt hinweg bis zu den Bergen sehen. Außerdem wohnten da viele Kinder, es fand sich immer jemand zum Spielen. Am Ostermontag, nach dem Mittagessen, fuhr Sina mit dem Fahrstuhl nach unten.

Es war herrliches Frühlingswetter und Sina wollte zur Parkanlage. Am Spielplatz dort würde sie schon jemanden treffen. In der Tasche ihrer Jacke steckten zwei Schokoladeneier. Die hatte sie gestern Morgen bei der Eiersuche auf dem Balkon gefunden. Im Hochhaus findet die Eiersuche in der Wohnung statt, einen Garten gibt es nicht.

Der Fahrstuhl hielt im fünften Stock und ein fremder Junge kam herein. Er war etwa so alt wie Sina und hatte blonde Haare. Es war Sina immer etwas komisch zumute, wenn sie im engen Fahrstuhl neben jemandem stand, den sie nicht kannte. Sollte sie ihn anschauen oder sollte sie seinem Blick ausweichen und auf der Leuchtanzeige die Stockwerke mitzählen?

Sie spürte, dass der Junge sie ansah. Im 2. Stock fasste sie Mut und fragte: „Wohnst du auch hier?“ Der Junge nickte.

„Wie heißt du?“

„Radoslav. Und du?“

„Sina. Bist du russisch?“

„Nein, meine Eltern stammen aus Polen, ich bin in Deutschland geboren. Mein Vater arbeitet jetzt hier in der Autofabrik.“

Der Junge sah nett aus. Er sprach ebenso gut deutsch wie sie.

„Eigentlich nennen mich alle Radi“, erzählte er weiter.

Sina griff in die Tasche und holte die beiden Schoko-Eier heraus.

„Das sind Ostereier“, erklärte sie.

Radoslav lachte: „Das weiß ich auch, ich komme ja nicht vom Mond.“

Er war nicht beleidigt und nahm gerne ein Ei.

Am Spätnachmittag guckte Sina einen Märchenfilm auf DVD. Es klingelte. Der Vater öffnete die Tür. „Sina, Besuch für dich!“, rief er. Eigentlich wollte Sina nicht gestört werden, aber sie drückte auf die Pause-Taste und lief neugierig zur Tür. Da stand Radoslav und hielt ein Osterei in der Hand. „Das ist ein Osterei“, erklärte er und lächelte verschmitzt. Sina staunte und sagte: „Hast du das selbst gemacht? Es ist wunderschön.“

Radoslav nickte. „Die Eier werden zuerst rot gefärbt. Wenn die Farbe trocken ist, kratzen wir mit einer Messerspitze oder einer Nagelfeile weiße Muster in die Farbe. Da macht die ganze Familie mit. Dieses Ei habe ich aber ganz allein gemacht.“

„Willst du nicht hereinkommen?“, fragte Sina. „Ich schaue mir gerade einen Märchenfilm an. Den Anfang kann ich dir erzählen.“ Sie setzten sich nebeneinander vor den Fernseher. „Ich bringe euch ein Stück vom Osterzopf und Limo“, sagte Mutter, als der Film zu Ende war. Während sie sich den Kuchen schmecken ließen, stellte sich heraus, dass Radi nach den Ferien in die gleiche Schule und in dieselbe Klasse kommen würde wie Sina. „Du kannst dich bestimmt neben mich setzen, an meiner Tischgruppe ist noch ein Platz frei“, sagte sie. Radoslav war froh: „Ja, gern. Es ist schön, wenn man neu ist und doch schon jemanden kennt.“

Aufgaben → S. 188

Meine liebe Mutter du

Meine liebe Mutter du,
ich will dir Blumen schenken.
Was ich dir sagen will dazu,
das kannst du dir schon denken:

Ich wünsch' dir Glück und Fröhlichkeit,
die Sonne soll dir lachen!
So gut ich kann und allezeit
will ich dir Freude machen.

Denn Muttertage, das ist wahr,
die sind an allen Tagen.
Ich hab' dich lieb das ganze Jahr!
Das wollte ich dir sagen.

Ursula Wölfel

Supermann

Mein Papa ist ein Supermann,
der einfach alles richten kann.

Er weiß ganz viel – ist echt gescheit,
zum Spielen mit mir gern bereit.

Ist groß und stark, fast wie ein Bär,
trägt auf der Schulter mich umher.

Er wirft mich hoch und fängt mich auf –
und ich verlasse mich darauf,

weil Papa eben alles kann,
denn schließlich ist er Supermann.

Anita Menger

Aufgaben → S. 189

Der Maibaum

Der Maibaum ist mit vielen Bräuchen verbunden. Diese können sich von Region zu Region unterscheiden.

Als Maibäume werden Birken oder Fichten ausgewählt. Sie haben die ersten jungen Triebe im Frühjahr.

Seit etwa 500 Jahren gibt es den Brauch, am 1. Mai Maibäume aufzustellen und den Frühling damit festlich zu begrüßen.

Der Stamm wird entastet und geglättet, der Wipfel bleibt erhalten. Dann wird der Baum mit Kränzen und Schleifen geschmückt.

Maibaumstehlen:
Vor dem 1. Mai passen alle auf, dass der Baum nicht von einer anderen Gemeinde gestohlen wird. Falls das doch passiert, bekommt man ihn gegen eine Getränkespende wieder zurück.

Auch Schilder der Handwerksbetriebe und von anderen Einrichtungen im Ort schmücken den Maibaum.

Am 1. Mai tanzen die Leute um den Maibaum. Er bleibt mindestens bis zum 1. Juni stehen, oft auch den ganzen Sommer lang.

Maibaumkraxeln:
Junge Männer klettern den Maibaum hinauf. Wer am höchsten klettern kann, wird der Maikönig.

Im langen Winter wurden die Vorräte verbraucht. Die Menschen begrüßten den Frühling mit einem Fest.

Aufgaben ⇢ S. 189

Schwimmbad

Text und Melodie: Volker Rosin

Seht einmal, …

… der Regenwurm
springt von dem Zehnmeterturm.

… die Schweine
zeigen ihre Beine.

… die Katzen
liegen auf Matratzen.

… die Kröte
spielt im Wasser Flöte.

Aufgaben → S. 189

OHNE WORTE

Mein treues Känguru

Der Blumenstrauß

Die Rache des Sparschweins

Aufgaben ⇢ S. 189

Du kannst dein Lerntagebuch ⇢ S. 197 für deine Lernerfahrungen nutzen.

Die vier Jahreszeiten, S. 170/171

1. Teilt die vier Strophen in der Klasse auf.
   Gestaltet ein Schmuckblatt. Schreibt in schöner Handschrift eure Strophe auf und alle Dinge, die zu der Jahreszeit gehören.
2. Lernt eure Strophe auswendig. Lesetipp 8 ⇢ S. 195 hilft euch.
   Tragt sie vor und zeigt dabei euer Schmuckblatt.
3. Du kannst deine Lieblingsjahreszeit in einem Vortrag darstellen.
   Verkleide dich und bringe Dinge mit, die zu der Jahreszeit passen.

Herbst, S. 172

1. **Vor dem Lesen:** Was fällt euch zu der Jahreszeit Herbst ein?
   Sammelt die Vorschläge auf einem Stichwortzettel.
2. Schau genau hin: In jeder Strophe steht ein „Herbst-Ding“ und was man damit machen muss. Schreibe sie in Stichwörtern auf:
   1. Kastanien aufheben;   2. ...
3. **Nach dem Lesen:** Vergleiche die Herbst-Dinge im Gedicht mit deinen Gedanken vor dem Lesen (Lesetipp 4 ⇢ S. 192).

Halloween, S. 173

1. **Vor dem Lesen:** Was weißt du über Halloween? Hast du eigene Erfahrungen? Bringe dein Wissen ein (Lesetipp 6 ⇢ S. 193).
2. Informiere dich im Internet über die Kelten und ihre Bräuche.
3. Erkläre den Namen „Halloween“. Denke an den Englischunterricht.
   Dort wurde bestimmt auch über Halloween gesprochen.

Herbergssuche, S. 174/175

1. Wer sind die Frau und der Mann? Kennst du sie aus Erzählungen?
2. Bildet Gruppen und lest einen der vier Textabschnitte in verteilten Rollen.
   Denkt dabei an Lesetipp 9 ⇢ S. 196. Auch S. 202 kann euch helfen.

Kleines Hirtenspiel, S. 176/177

1. Lest den Text mit verteilten Rollen.
2. Bereitet den Text als Hörspiel vor.
   Erstellt eine Tabelle und tragt ein:
   - Wer spricht die Rollen?
   - Wer macht die Geräusche?
   - Wer kümmert sich um die Aufnahme?

Sprecher	Tonaufnahme	Text
	Glockenspiel	
Erzähler		
1. Hirte		

3. Ihr könnt das Hirtenspiel auch an der Weihnachtsfeier aufführen (→ S. 202).
4. Wer hat seine Rolle besonders gut vorgelesen und aufgeführt?
   Was könnte man besser machen? Sprecht in der Klasse darüber.

Tipps fürs neue Jahr, S. 178

1. Trage die beiden Gedichte wie Zauberformeln vor.
2. Denkt euch noch eine Zauberformel aus. Tragt sie in der Klasse vor.

Gewitter, S. 179

1. Lies das Gedicht und finde die drei Abschnitte:
   heraufziehendes Gewitter / Gewitter / abziehendes Gewitter.
2. Bildet 3er-Gruppen. Jeder trägt einen Abschnitt ausdrucksvoll vor.
3. Stelle das Gedicht in einer Geräusch-Collage dar:
   den aufziehenden Wind, eine fauchende Katze, Donnergrollen …

Das ist ein Osterei, S. 180/181

1. Lies den Text. Welcher Lesetipp hilft dir, den Text zu verstehen?
2. Beantworte die Fragen mit einem Partner.
   - Sina wohnt gerne im Hochhaus. Nenne Gründe.
   - Sie benutzt täglich den Fahrstuhl. Wann fühlt sie sich dabei unwohl?
   - Worin unterscheiden sich Sinas Schoko-Eier von Radoslavs Osterei?
3. Radoslav ist neu und freut sich, Sina kennenzulernen. Wie ist es für dich, jemanden kennenzulernen, zum Beispiel im Urlaub? Sprecht darüber.

Meine liebe Mutter du / Supermann, S. 182/183

1. Lies die Gedichte laut und betont vor.
2. Was wünscht das Kind seiner Mutter?
3. Warum wird Papa als Supermann angesprochen? Zähle auf, was er alles kann.
4. Schreibe zum Mutter- oder Vatertag selbst einen kleinen Dankesbrief in deiner schönsten Schrift und gestalte ihn ansprechend.

Der Maibaum, S. 184

1. Wart ihr auch schon einmal beim Stellen des Maibaums dabei? Erzählt.
2. Welche Mai-Bräuche gibt es noch? Informiere dich im Internet.

Schwimmbad, S. 185

1. Lernt in der Klasse zusammen das Lied und singt es.
2. Bildet Gruppen, wählt eine Strophe aus und malt ein passendes Plakat. Ihr könnt euch auch eine eigene Strophe zum Lied ausdenken.
3. Das Lied könnt ihr an der Schlussfeier vortragen und eure Plakate mit einbeziehen. Der Refrain wird gemeinsam gesungen.

Ohne Worte, S. 186

1. Bildet Gruppen und sucht euch einen Comic aus. Schaut euch die Bilderfolge genau an. Was passiert?
2. Schreibt mithilfe der Bilder eine kurze Geschichte. Die Überraschung am Schluss ist das Wichtigste.

Treppenwörter

Lies die Treppenwörter so schnell wie möglich und setze sie fort.

Sonnenblumen	Sommerferien
Blumengruß	Ferienhaus
Grußkarten	Hausdach
Kartenhaus	Dachfenster

Werkstatt: Lesetipps im Überblick

Lesetipp 1 – Genaues Lesen
Lies nicht zu schnell. Stelle dir nach jedem Satz vor, was geschieht. Frage nach, wenn du etwas nicht verstehst. Du kannst dich auch in Büchern oder im Internet informieren.

Die Anwendung von Lesetipp 1 am Text „Schule ist unsere Welt“, S. 6/7:

Stelle dir vor, was geschieht:

- Wo besucht Justine die Schule?
- Welche Fächer hat sie am liebsten?
- Wo ist Kenia?
- Was erzählen die Kinder aus Afrika?
- Warum kann Marvin keine normale Schule besuchen?

Informiere dich in Büchern oder im Internet über Wörter, die du nicht verstehst:

- Massai
- Outback

Lesetipp 2 – Gedichte laut lesen
Lies jedes Gedicht laut. Erst dann bemerkst du deutlich, wie es klingt und was es sagen will. Du kannst selbst weitere Strophen schreiben.

Die Anwendung von Lesetipp 2 am Gedicht „Leute“, S. 13:

1. Die Einleitung und der Schluss des Gedichts lauten:
   „Kleine Leute, große Leute
   gab es gestern, gibt es heute.“
   Diese zwei Zeilen nennen das Thema des Gedichts.
2. Immer am Ende einer Zeile reimen sich die Wörter.
3. Wie kannst du beim Vortragen der letzten Strophe betonen, was diese sagen will?

Lesetipp 3 – Stichwörter notieren

Lies den Text erst einmal ganz durch. Wenn du etwas nicht verstehst, frage danach. Schreibe erst beim zweiten Lesen Stichwörter untereinander auf. Denke dabei an die Fragen: **Was** geschieht, **wer** macht **was**, **wann**, **wo**, **wie** und **warum**?

Die Anwendung von Lesetipp 3 am Text „Hilfe! Wir versinken im Meer!“, S. 22/23:

Hilfe! Wir versinken im Meer!

Wenn Sam Pech hat, dann fällt in diesem Herbst die Schule aus. Und im Winter auch. Eigentlich klingt das toll: monatelang schulfrei! Aber für Sam, seinen Freund Jared und für alle anderen Kinder aus dem Dorf wäre das eine schlechte Nachricht. Denn wenn das Schulhaus nicht mehr sicher ist, wird es auch das Dorf nicht mehr lange geben. Immer näher dringt das Meer heran, der Strand wird immer schmaler. Wann werden die Menschen den Ort verlassen müssen?

Sam ist ein Eskimojunge, elf Jahre alt, er lebt im kleinen **Dorf Kivalina** im Norden von **Alaska**. Das Dorf liegt auf einer sehr schmalen Insel. Die meisten Eskimos von Kivalina leben fast genauso wie ihre Eltern und Großeltern: Sie besorgen sich ihr Essen selber. Sie jagen Robben, fangen Fische oder halten Rentiere. Manchmal begleitet Sam seinen Vater auf die Jagd.

Der **eisige Winter** dauert hier neun Monate. Das Meer rings um die Insel ist dann fest zugefroren. Sam hat ein eigenes Schneemobil, es ist eine Mischung zwischen Motorrad und Schlitten. Damit kurvt er mit seinem Freund Jared durchs Dorf. Die Kinder tragen dicke Pelzkragen und Schuhe aus warmem Robbenfell gegen die Kälte.

Im **kurzen Sommer** wird es selten wärmer als zehn Grad, dann spielen die Kinder bereits im T-Shirt draußen. Sam und Jared klettern gern auf dem neuen Deich herum. Er wurde letztes Jahr aus dicken Steinbrocken am Strand vor dem Dorf aufgebaut. Das war nötig, denn der alte Deich aus großen Sandsäcken fiel beim ersten starken Herbststurm einfach um.

Im Herbst friert das Meer rund um die Insel allmählich wieder zu. Aber seit ein paar Jahren gefriert es erst später. Das kommt von der **Erderwärmung**. Immer mehr Kohle, Gas und Erdöl wird gebraucht und verbrannt: in Fabriken, in Haushalten, im Verkehr. Dadurch ist die Luft und sind die Meere der Erde wärmer geworden. Es sind zwar nur ein oder zwei Grad – bei uns merkt man es kaum –, aber das Meer um Kivalina ist noch nicht zugefroren, wenn die **Herbststürme** beginnen. Die Winde fegen nun nicht mehr wie früher über das vereiste Meer hinweg, sondern sie peitschen das Wasser zu starken Wellen auf. Die schlagen an den Strand und spülen den Sand ins Meer. So wird die Insel immer kleiner. Das Meer ist schon sehr nahe bei den Häusern von Kivalina. Jetzt soll der **neue Deich** aus großen Steinbrocken das Dorf schützen.

Vielleicht haben Sam und Jared Glück und der neue Deich bleibt stehen – dann können sie auch diesen Herbst wieder in ihre Schule gehen.

Die Einwohner von Kivalina wissen aber, dass sie mit ihrem Deich das Meer nicht anhalten können. Irgendwann werden sie umziehen müssen, an einen sicheren Ort.

Nach der Reportage von Ansbert Kneip

1. Lies den Text und beachte die **fett** gedruckten Wörter. Frage nach, wenn du etwas nicht verstehst.
2. Lies den Text noch einmal und schreibe die **fett** gedruckten Wörter untereinander.
3. Beantworte nun folgende Fragen:
   - **Wer** droht im Meer zu versinken?
   - **Wo** geschieht das?
   - **Warum** geschieht das?
   - **Wie** versuchen die Menschen, ihr Dorf zu retten?

Lesetipp 4 – Überschrift beachten

In der Überschrift steckt immer ein Hinweis auf das, was wichtig ist. Überlege deshalb vor dem Lesen, was dir die Überschrift sagt. Nach dem Lesen verstehst du den Text besser, wenn du noch einmal an den Hinweis in der Überschrift denkst.

Die Anwendung von Lesetipp 4 am Text „Ich bin glücklich“, S. 34

1. **Vor dem Lesen**: Wann sagst du: „Ich bin glücklich“? Wann sagst du: „Da habe ich Glück gehabt“?
2. **Nach dem Lesen**: Wann ist der Junge glücklich?
3. Erzähle: Wann warst du zuletzt so richtig glücklich?

Lesetipp 5 – Bilder zum Text beachten

Beachte die Fotos und Bilder zu einem Text. Sie verraten dir viel über das, was in der Geschichte geschieht. Sie zeigen zum Beispiel den Ort, wo die Geschichte spielt, und die Hauptpersonen. Du kannst auch erkennen, ob es eine wirkliche Geschichte oder eine unwirkliche Geschichte ist, zum Beispiel ein Märchen.

Die Anwendung von Lesetipp 5 am Text „Hertha hat Geburtstag“, S. 60–62:

1. Betrachte zuerst die Fotos. Wann wurden diese Fotos gemacht? Achte auf ...
   - die Qualität der Aufnahme,
   - die Kleidung und
   - die Anzahl der Geschwister.
2. Betrachte danach die Bilder. Wie wird das Leben der Familie dargestellt, das Schlafzimmer, die Küche, der Innenhof?

Lesetipp 6 – Eigene Kenntnisse einbringen
Was weißt du über das Thema? Hast du eigene Erfahrungen? Bringe dein Wissen zu einem Thema ein: aus Büchern, Fernsehen, Berichten, Internetseiten und Erzählungen. Sprich in der Klasse darüber. Deine Kenntnisse nutzen dir und auch deinen Mitschülern.

Die Anwendung von Lesetipp 6 am Text „Hunger in der Welt“, S. 74/75:

So könntest du mehr zu diesem Thema erfahren haben:

1. Jemand hat dir eine Erzählung über arme Kinder in Afrika vorgelesen.
2. Du hast im Fernsehen eine Reportage über Kinder auf der Flucht gesehen.
3. Du hast auf einer Internetseite für Kinder einen Text über Kinderarbeit gelesen.
4. Dein Bruder oder deine Schwester hat dir einen Info-Flyer über eine Hilfsaktion für hungernde Kinder in Afrika gezeigt.
5. Du hast einen Lexikonartikel über Armut in Afrika gelesen.

Tipp 7

Lesetipp 7 – Einen Text gliedern
Lies einen längeren Text in Abschnitten. Schreibe zu jedem Abschnitt eine Überschrift oder ein paar Stichwörter. So erhältst du einen Überblick über den gesamten Text. Hervorhebungen im Text (zum Beispiel **Fettdruck**) helfen dir dabei.

Die Anwendung von Lesetipp 7 am Text „Wie das Auto auf die Straße kam“, S. 102/103:

„Wie das Auto auf die Straße kam“ oder „Die Kutsche ohne Pferd“

Das Modell des Benz Patent-Motorwagens Nummer 1 ist im Deutschen Museum ausgestellt.

Kannst du dir eine Welt ohne Autos vorstellen? Eine Welt ohne das eigene Auto, ohne Lastwagen, ohne Busse oder Transporter?

Mannheim im Winter 1885, vor etwa 130 Jahren: Aus der Werkstatt von **Karl Benz** hört man seit langem laute Geräusche. Es faucht, knattert und knallt. Wer nachts vorbeikommt, kann immer wieder sehen, wie der Erfinder auf einer merkwürdigen Maschine durch die Dunkelheit rollt. Der Techniker Karl Benz verwirklicht einen alten Traum. Er will ein Fahrzeug herstellen, das keine Pferde zum Ziehen braucht und nicht nur auf Schienen fährt.

Damals fuhr man in **Pferdekutschen** und transportierte Waren in Pferdewagen. Die Pferde mussten ernährt, gepflegt und ausgewechselt werden, Unfälle mit scheuenden Pferden waren nicht selten. Für weite Reisen benutzte man die neu erfundene **Eisenbahn**. Viele Orte waren schon durch Gleise verbunden. Aber an den Bahnhöfen musste man in eine Pferdekutsche umsteigen, die einen zum gewünschten Ort brachte.

Nach vielen Jahren der Forschung und Arbeit erfand Karl Benz einen Benzin-Verbrennungsmotor, mit dem ein Fahrgestell selbstständig bewegt werden kann. Im Jahr 1886 stellte er seinen **„Benz Patent-Motorwagen Nummer 1“** vor – das erste Auto der Welt.

Aber die **Bevölkerung** fürchtete diese Fahrmaschine. Sie knatterte laut, die Pferde scheuten vor ihr; sie erschien gefährlich und unheimlich. Nur wenige Menschen erkannten die Vorteile des Automobils. Es konnte fahren und Waren transportieren, ohne von Pferden oder Schienen abhängig zu sein.

Das wollte Bertha Benz, die Frau des Erfinders, ändern. Die Bevölkerung sollte sehen, dass der Motorwagen wirklich ohne Pferde und nicht nur auf Schienen lange Strecken fahr… Im Sommer des Jahres 1888 fuhr **Bertha Benz** mit ihren bei… von Mannheim nach Pforzheim. Karl Benz hätte die Fahrt nic… schließlich war das Automobil nur auf kurzen Strecken auspr…

Natürlich gab es auf dieser **Probefahrt** einige Probleme. Sch… bei Heidelberg ging der Treibstoff aus. In einer **Apotheke** kau… das nötige Leichtbenzin, das man auch zur Fleckenentfernun… Schwieriger war es, überhaupt den Weg nach Pforzheim zu fi… Es gab keine Straßenkarten und keine Wegweiser zu entfernte… Also fuhren sie auf holprigen Wegen entlang der **Eisenbahn**… Bergauf musste die kleine Reisegesellschaft das Auto manch… bergab rumpelte das Fahrzeug gefährlich schnell über Stock… Oft waren Reparaturen nötig. Ein **Schmied** richtete die ausge… kette. Ein **Schuster** nagelte dickes Leder auf die abgenutzte… Bertha Benz reinigte die verstopfte Benzinleitung mit ihrer Ha… ersetzte den zerrissenen Riemen am Motor durch ein Strump…

Aber am Abend kamen Bertha Benz und ihre Jungen mit dem… in Pforzheim an. Die **Bevölkerung** interessierte sich jetzt für diese Fahrmaschi… wie es sich Bertha Benz erhofft hatte.

1. Lies den Text und beachte die **fett** gedruckten Wörter. Frage nach, wenn du etwas nicht verstehst.
2. Lies den Text ein zweites Mal und schreibe die **fett** gedruckten Wörter untereinander. Sie zeigen auf einen Blick, wovon der Text handelt.
3. Schreibe zu jedem Wort einen kurzen Satz, der als Überschrift über dem Abschnitt stehen kann, zum Beispiel:

   Karl Benz - Karl Benz baute einen Motorwagen.
   Pferdekutsche - Mit Pferdekutschen transportierte man Waren.
4. Halte mithilfe der Sätze einen Vortrag vor der Klasse.

Lesetipp 8 – Ein Gedicht auswendig lernen

- Sprich immer laut mit, wenn du ein Gedicht auswendig lernst.
- Stelle dir genau vor, worum es in der Strophe geht.
- Schreibe dir in jeder Zeile eine Erinnerungshilfe auf, zum Beispiel das erste und das letzte Wort (Reimwort). Du kannst auch etwas dazu malen.
- Decke mit einem Blatt immer mehr Hilfen ab, bis du das Gedicht auswendig kannst.

Die Anwendung von Lesetipp 8 am Gedicht „Warum sich Raben streiten“, S. 118:

Weißt		Raben		streiten?
Um		und		Kleinigkeiten.
um		und		Blumen
und		und		Käsekrumen

1. Erstelle deine Erinnerungshilfe in Einheiten, die du dir gerade noch gut merken kannst, als Tabelle – zum Beispiel die Zeilen 1–4.
2. Wiederhole das Gedicht mehrfach laut und decke immer mehr Hilfen ab, bis du deine Einheit auswendig kannst.
3. Verfahre ebenso mit den weiteren Zeilen und trage das Gedicht auswendig vor der Klasse vor.

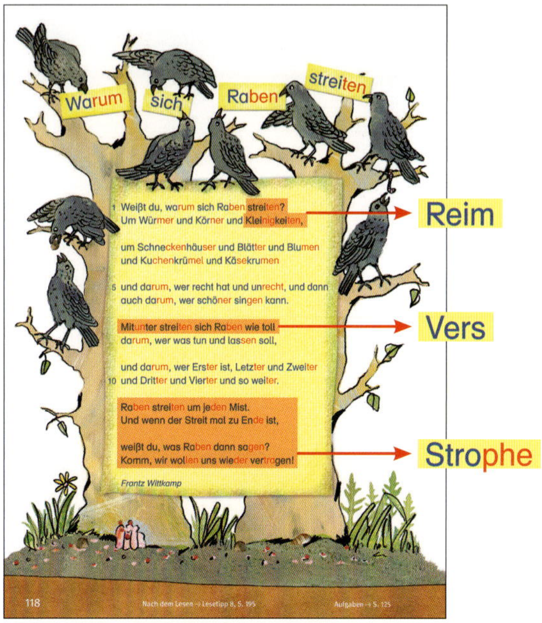

Lesetipp 9 – Tipps zum Vorlesen

Lies den Text laut und übe die Stellen, die schwer zu sprechen sind.
Beachte die Sprechregeln bei den Satzzeichen:

- Senke die Stimme beim Punkt und mache eine Pause.
- Hebe die Stimme vor dem Komma, denn der Satz geht weiter.
- Sprich lauter bei einem Ausrufezeichen.
- Stelle wirklich eine Frage bei einem Fragezeichen.

Die Anwendung von Lesetipp 9 am Text „Der große Kapokbaum“, S. 130/131:

Lies die Beispielsätze laut vor.
Beachte die Sprechregeln bei den Satzzeichen.
Genau wie die Melodie eines Liedes sollte deine Sprechstimme nie eintönig sein.

Zeile 2: Jetzt war alles still. → Mach eine kleine Pause.

Zeile 9/10: Senhor, dieser Baum ist mein Zuhause. → Gehe mit der Stimme nach oben.

Zeile 5: Hack! Hack! → Sprich lauter.

Zeile 28: Und weißt du, was die Bäume herstellen? → Stelle eine Frage.

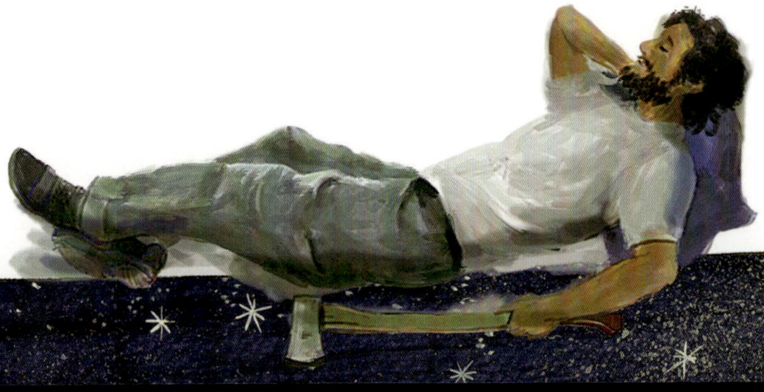

Werkstatt: Ein Lerntagebuch führen

In einem Lerntagebuch kannst du Gedanken, Erfolge und Schwierigkeiten bei der Erledigung deiner Aufgaben schriftlich festhalten. Es hilft dir, darüber nachzudenken, was du gelernt hast und was du noch üben möchtest.

Stelle dir folgende Fragen zu den gelesenen Texten:

- Konnte ich den Text flüssig lesen?
- Habe ich den Text verstanden? Worum geht es darin?
- Ist mir das Lernen leicht gefallen? Konnte ich die Aufgaben lösen?
- Was kann ich noch nicht so gut? Was will ich noch üben?

Mit diesen Zeichen kannst du dich selbst einschätzen:

	Smileys	Ampel
Das kann ich sehr gut.	🙂	🟢
Das mache ich meistens richtig.	😐	🟡
Das muss ich noch üben.	🙁	🔴

Du kannst auch erst mit einem Partner über deine Selbsteinschätzung sprechen und dann die Bewertung in deinem Lerntagebuch eintragen.

Beispiel für einen Eintrag in das Lerntagebuch:

Schule ist unsere Welt, Seite 6/7 Datum: ____________

- Ich kann die Texte flüssig lesen. 🙂
- Beim ersten Mal habe ich nicht alles verstanden. 😐
- Ich habe die Schule von Justine, den Massaikindern und von Marvin kennengelernt.
- Aufgabe 2 ist mir leicht gefallen: Ich habe alle Schulorte auf dem Globus gefunden. 🙂
- Ich möchte mich im Internet über die Massai in Kenia informieren.

Werkstatt: Eine Lesekonferenz durchführen

In der Lesekonferenz könnt ihr miteinander über einen Text sprechen.
Jeder in der Gruppe kann seine Meinung äußern und seine Fragen stellen.

So könnt ihr vorgehen:

1. Legt einen Sprecher / eine Sprecherin fest. Er / sie sorgt dafür, dass jeder zu Wort kommt und die Aufgaben durchgeführt werden. Wechselt euch bei der Gesprächsleitung ab.
2. Ein Schreiber / eine Schreiberin führt das „Protokoll" und notiert in Stichwörtern oder Sätzen, was in der Lesekonferenz besprochen wird.
3. Schaut euch die Bilder oder Fotos an, die zum Text gehören. Geben sie einen Hinweis auf den Inhalt? Was sagt euch die Überschrift?
4. Lest den Text still und markiert wichtige Schlüsselwörter. Einigt euch zuvor, ob ihr den Text in Abschnitten oder als Ganzes lest.
5. Als Leser / Leserin sagt ihr reihum, was ihr zum Text meint:
   Wie gefällt euch der Text?
   Was ist darin interessant, ungewöhnlich, lustig, traurig, spannend ...?
6. Lest euch gegenseitig Textstellen vor, die euch aufgefallen sind – weil sie besonders interessant, lustig, wichtig oder schwierig sind.
7. Klärt miteinander schwierige Stellen. Bei unbekannten Wörtern helfen Bücher aus eurer Klassenbibliothek oder das Internet weiter.
8. Fasst mithilfe des Protokolls zusammen, was ihr besprochen habt: Worum geht es im Text? Was haben wir uns dazu gedacht?

Mit einem Lesetagebuch kannst du ein Buch besser verstehen und dich auch später gut daran erinnern. Schreibe den Titel des Buches und das Kapitel als Überschrift. Schreibe auch dazu, wann und wo du das Buch oder die Geschichte gelesen hast.

Du kannst …

- Textstellen abschreiben, die du schön, spannend, traurig, lustig oder wichtig findest. Gib zu jedem Eintrag die Seitenzahl an.
- den Inhalt eines Kapitels kurz erzählen.
- Textstellen aufschreiben, die du im Unterricht besprechen willst.
- Personen des Buches zeichnen und Steckbriefe schreiben.
- deine Meinung zu dem aufschreiben, was eine Person tut.
- einen Teil so aufschreiben, als ob du die Hauptperson wärst.
- Zeichnungen zu verschiedenen Szenen anfertigen.
- einer Person aus dem Buch einen Brief schreiben.

Zu welchem Buch gehört dieser Lesetagebuch-Eintrag in der „Ich-Form“?

Meine Wunderfackel

Wir mussten unbedingt auf dem Markt ein wenig Geld verdienen, um nicht zu hungern. Meine Begleiter spielten auf ihren Musikinstrumenten, aber keiner warf eine Münze in den Turban. Da fasste ich mir ein Herz und rief laut: „Wer jetzt nicht geht, der ist sehr schlau, denn nun beginnt die Zauberschau.“
Dann nahm ich meine Taschenlampe und …

Wähle ein Buch aus, das dir selbst gut gefällt. So kannst du deine Klasse mit deiner Begeisterung für das Buch anstecken.

Diese Checkliste hilft dir bei der Vorstellung deines Lieblingsbuches:

- Wie heißt das Buch? Wer hat es geschrieben? Wann?
- Warum hast du das Buch ausgewählt?
- Was für ein Buch ist es? (Sachbuch, Roman, Comic …)
- Worum geht es darin? (Bei Sachbüchern)
- Wer ist die Hauptperson? Wo und wann spielt die Geschichte? Was geschieht? (Bei Romanen, Comics)
- Lies eine Stelle vor, die dir besonders gut gefällt, oder zeige ein Bild.
- Wem würde dein Buch gefallen? Wem nicht?

Lesekiste

Du kannst dein Lieblingsbuch auch mit einer Lesekiste vorstellen. Lesekisten sind Schuhkartons, die passend zum Buch gestaltet und gefüllt werden.

- Überlege vor dem Vortrag, was du nacheinander zeigen willst.
- Schreibe in Stichwörtern auf, was du dazu sagen möchtest. Die **Checkliste** oben hilft dir dabei.
- Schreibe auf den Deckel den Titel und Autor des Buches, dazu das Erscheinungsjahr.
- Klebe auf die Kartonseiten Bilder und Fotos. Im Karton haben Dinge Platz, die zum Inhalt des Buches gut passen.

Du kannst einen Text so umgestalten, dass daraus ein anderer wird. Auf diese Weise entstehen neue Geschichten und du lernst den Lesetext noch einmal von einer anderen Seite kennen. Es gibt viele Möglichkeiten, Texte umzusetzen.

Du kannst einen Text ...

- mit verschiedenen Materialien gestalten oder etwas dazu malen.
- vertonen (zum Beispiel mithilfe von Instrumenten, Sprachlauten oder Dingen aus dem Haushalt).
- aus Sicht einer anderen Person erzählen.
- als Comic gestalten.
- als Hörbuch oder Drehbuch für eine Filmszene umschreiben.
- weiterschreiben oder dir ein neues Ende ausdenken.
- spielerisch darstellen (zum Beispiel als Rollenspiel, Puppen-, Marionetten- und Schattenspiel).
- in eine andere Textart verwandeln, zum Beispiel Märchen, Brief, Tagebucheintrag, Interview, Zeitungsbericht.

Beispiel: Die Biene am Fenster, S. 133

Woran erkennst du, dass das Gedicht als Tagebucheintrag umgesetzt ist?

Gedicht

Die Biene am Fenster

Eine Biene
surrt am Glas.
Nichts ist da.
Und doch ist was!

Was ist im Weg
ganz unsichtbar?
Ihr Hirn ist klein,
sie kommt nicht klar.

Sie will durch, plagt sich

Tagebucheintrag

Liebes Tagebuch,

heute war eine Biene im Zimmer.
Die arme Biene: Sie ist immer gegen das Glas geflogen. Für sie war das Fensterglas unsichtbar.
Bestimmt hatte sie große Angst!

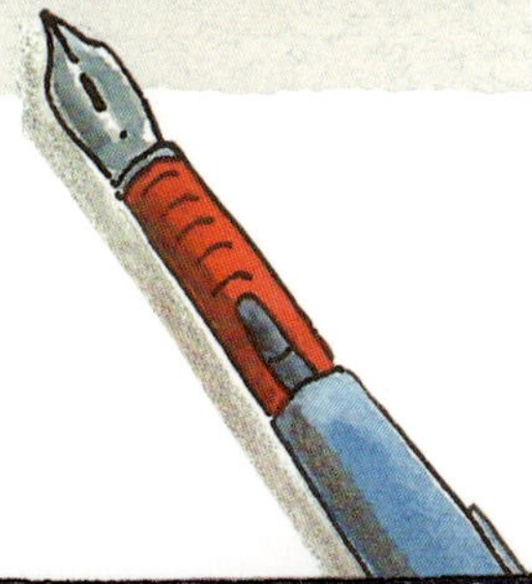

Texte vorlesen

- Wähle einen Text im Lesebuch aus.
- Lies ihn zusammen mit einem Partner. Achte auf deine Stimme:

laut und deutlich sprechen | langsam sprechen und Pausen machen | wichtige Wörter im Text betonen

- Verbessert euch gegenseitig freundlich nach jedem Durchgang.
- Wenn du den Text gut geübt hast, kannst du ihn den anderen vorlesen oder auch auswendig vortragen. Wende dich dabei dem Publikum zu.
- Texte in Dialogen könnt ihr auch in verteilten Rollen lesen, zum Beispiel „In der neuen Klasse“ S. 8/9, „Jakob und der große Junge“ S. 10–12, „Die Neuen“ S. 38–41, „Das Monster vom blauen Planeten“ S. 142/143.

Texte aufführen

Texte, die für verschiedene Rollen geschrieben sind, könnt ihr als Theaterstück beim Klassenfest aufführen, zum Beispiel „Rapunzel“ S. 54–57, „Herbergssuche“ S. 174/175, „Kleines Hirtenspiel“ S. 176/177.

Damit das Zusammenspiel gelingt, beachtet folgende Tipps:

- Bildet eine Gruppe. Die Zahl der Mitglieder richtet sich nach den Rollen.
- Lest das Stück zunächst mit verteilten Rollen.
- Jeder Mitspieler erhält von der Lehrerin einen Text, markiert seine Sprecherrolle und lernt den Text auswendig.
- Tauscht euch aus. Wie soll jede Rolle gesprochen werden: laut, leise, unsicher, bestimmt, langsam oder schnell?
- Haltet Sprechproben ab, bis jeder Spieler seine Einsätze kennt.
- Danach probt ihr die Spielhandlung. Wie bewegen sich die Spieler?

Macht euch auch Gedanken zu den Kostümen und zum Bühnenbild. Welche Gegenstände benötigt ihr?

Werkstatt: Lesen trainieren

Je mehr Wörter du auf einen Blick lesen kannst, desto schneller und fehlerfreier liest du jeden unbekannten Text. Das Üben lohnt sich.

Mit folgenden Übungen kannst du das Lesen trainieren:

LESENWIEIMALTERTUM

Schreibe Texte in Großbuchstaben, ohne Wortabstände, Punkte und Kommas und versuche sie so schnell wie möglich zu lesen. Welche Wörter erkennst du sofort?

LIPPELBETRACHTETEDASBONBONPAPIERESSAHAUFDEN
ERSTENBLICKGANZNORMALAUSROTMITGRÜNENPUNKTEN
ABERDIESCHRIFTWARANDERSERKONNTESIENICHTLESEN

Suchspiel mit einem Partner

Beide Partner schreiben bis zu zehn Wörter aus einem Text heraus. Jeder liest seine Wörter nacheinander vor und der Partner muss diese im Text so schnell wie möglich finden, zum Beispiel S. 120/121:

Romulus und Remus

Berühmte Kinder, von Tieren gerettet

Vor langer, langer Zeit führte ein Hirte seine Schafherde am Fluss Tiber zur Tränke. Plötzlich drängten sich die Schafe ängstlich zusammen. „Was ist denn los?", dachte er. Da sah er eine große Wölfin im Gras liegen. Zwei nackte kleine Kinder saugten gierig an ihren Zitzen. Die Wölfin lag ganz friedlich da. Von Zeit zu Zeit leckte sie liebevoll die Kinder, als wären sie ihre eigenen Jungen.

Die Wölfin merkte, dass sie beobachtet wurde, und trug eines der Kinder vorsichtig mit der Schnauze in ihre Wolfshöhle. Als sie das zweite Kind holen wollte, verjagte der Hirte sie mit seinen Hunden. Mit dem einen Baby auf dem Arm wartete er, bis das andere aus der Wolfshöhle krabbelte. Dann nahm er beide mit nach Hause. „Das ist ein Geschenk der Götter", freute sich seine Frau, denn sie hatten keine eigenen Kinder. „Wir nennen sie Romulus und Remus. Das sind schöne Namen für diese prächtigen Kinder. Es sind wohl Zwillinge."

Die Jungen wuchsen zu kräftigen jungen Männern heran, die ihrem Pflegevater mit der Herde halfen und keinem Streit mit anderen Hirten aus dem Weg gingen. Ein Streit um die beste Weide zwang die beiden Brüder vor den Herrn, dem das Weideland gehörte. Es war der frühere König des Landes.

Romulus und Remus kamen ihm bekannt vor und bald stellte sich [illegible] dass dieser König ihr Großvater war. Er war von seinem herrsch[illegible] Bruder abgesetzt und verbannt worden. Seine Tochter, die Mutter der Zwillinge, war umgebracht worden. „Er wollte auch euch töten", sag[illegible] König. „Aber das wagte er nicht, denn euer Vater ist der Kriegsgott [illegible] „Der ist unser Vater!?", riefen Romulus und Remus überrascht. „Ja, so [illegible] antwortete der König. „Ihr wurdet in einem Korb im Fluss Tiber ausge[illegible] Aber Gott Mars hat für euch gesorgt und die Wölfin geschickt."

„Wir sind nicht umsonst Söhne des Kriegsgottes Mars!" Romulus und Remus halfen ihrem Großvater, seinen Thron zurückzugewinnen. Zum Dank durften sie eine neue Stadt bauen – am Fluss Tiber, dort, wo sie ausgesetzt worden waren. Die Brüder freuten sich, aber sie konnten sich nicht einigen: Wer sollte der erste König sein? Wer sollte der Stadt den Namen ge[illegible] In dem schlimmen Streit setzte sich Romulus durch. Er wurde der erste König der neuen Stadt und gab ihr den Namen: [illegible]

- Schafherde
- Wolfshöhle
- Geschenk
- Zwillinge
- Weideland
- Großvater
- Tochter
- Mars

Karteikarten

Wähle einen Text aus. Suche Wörter, die du nicht auf einen Blick lesen kannst. Schreibe diese Wörter silbenweise mit zwei Farben auf Karteikarten und übe sie. Kannst du den Text jetzt fehlerfrei lesen?

Kirsten Boie

Kirsten Boie ist eine deutsche Kinder- und Jugendbuch-Autorin. Sie wurde 1950 in Hamburg geboren. Zuerst war sie Lehrerin. Nach der Adoption ihres ersten Kindes begann sie Bücher für Kinder und Jugendliche zu schreiben und wurde damit erfolgreich. Ihre Buchreihen „King-Kong", „Linnea" und „Der kleine Ritter Trenk" sind sehr beliebt. Für ihr Werk wurde sie mehrfach ausgezeichnet.

Im Lesebuch:

S. 154/155 – Bücher in der Schule

Cornelia Funke

Cornelia Funke ist eine deutsche Kinder- und Jugendbuch-Autorin. Ihre Bücher sind auch in anderen Sprachen sehr erfolgreich. Cornelia Funke ist Erzieherin und Buchillustratorin. Sie hat für viele Bücher, auch für ihre eigenen, Bilder gemalt. In Dorsten, Nordrhein-Westfalen, wurde sie 1958 geboren und lebte lange in Hamburg, bis sie mit ihrer Familie nach Los Angeles, USA, gezogen ist. Viele ihrer Bücher, darunter „Tintenherz", sind auch verfilmt worden.

Im Lesebuch:

S. 138/139: Fremde Worte
S. 142/143: Das Monster vom blauen Planeten

Josef Guggenmos

Josef Guggenmos war ein deutscher Autor. Er hat Gedichte und Bücher für Kinder geschrieben. 1922 wurde er in Irsee im Allgäu geboren. Nach seinem Studium arbeitete er in Buchverlagen und als Übersetzer. Er heiratete, hatte drei Kinder und wohnte bis zu seinem Tod 2003 in seinem Geburtshaus in Irsee. Für sein Werk erhielt er viele Preise.

Im Lesebuch:

S. 26: Geschichte vom Wind
S. 133: Die Biene am Fenster
S. 144: Da lieg ich im Bett
hintere Umschlaginnenseite: Ein Hase, der gern Bücher las …

Ilse Kleberger

Ilse Kleberger wurde 1921 in Potsdam, Brandenburg, geboren. Während des Kriegs studierte sie Medizin, obwohl sie eigentlich Journalistin werden wollte. Nach dem Krieg lebte sie in Berlin, heiratete, bekam eine Tochter und gründete eine eigene Arztpraxis. Neben ihrer Arbeit als Ärztin schrieb sie Gedichte und Kinderbücher. Diese wurden später in viele Sprachen übersetzt. Sehr bekannt sind ihre Bücher aus der „Oma"-Reihe. Ilse Kleberger starb 2012.

Im Lesebuch:

S. 172: Herbst

James Krüss

James Krüss, geboren 1926, wuchs auf Helgoland auf – das ist eine deutsche Insel in der Nordsee. Das Ende des Zweiten Weltkriegs erlebte er bei der deutschen Luftwaffe. James Krüss machte eine Ausbildung als Lehrer, arbeitete aber nie in diesem Beruf. Er schrieb Hörspiele, Gedichte und Geschichten für Kinder. Als er 40 Jahre alt war, kaufte er sich ein Haus auf Gran Canaria, einer spanischen Insel vor Afrika. Er schrieb weiterhin viele Bücher und lebte dort bis zu seinem Tod 1997 mit seinem Lebensgefährten.

Im Lesebuch:

S. 19: Das Wasser

Paul Maar

Paul Maar wurde 1937 geboren und ist ein deutscher Autor, der in Bamberg lebt. Er hat viele Kinderbücher geschrieben, bekannt sind zum Beispiel „Der tätowierte Hund“, „Eine Woche voller Samstage“, „Lippels Traum“ und „Jaguar und Neinguar“. Auf Seite 160/161 kannst du noch mehr über Paul Maar, sein Leben und sein Werk erfahren.

Im Lesebuch:

S. 8/9: In der neuen Klasse
S. 10–12: Jakob und der große Junge
S. 38–41: Die Neuen
S. 164/165: Buchausschnitt: Lippels Wunderfackel
S. 178: Tipps fürs neue Jahr

Christine Nöstlinger

Christine Nöstlinger war eine österreichische Schriftstellerin. Sie wurde 1936 in Wien, Hauptstadt von Österreich, geboren. Bis zu ihrem Tod 2018 lebte sie abwechselnd dort oder auf einem Bauernhof. Sie veröffentlichte viele Bücher, die auch im Ausland sehr erfolgreich sind und mit Preisen ausgezeichnet wurden.
Ihre Bücher schrieb sie in Hochdeutsch, viele verfasste sie aber auch in ihrem Wiener Dialekt.
„Die feuerrote Friederike“, „Nagle einen Pudding an die Wand“ und „Geschichten vom Franz“ sind bekannte Bücher von ihr.

Im Lesebuch:

S. 129: Ameisen

Begriff	Erklärung
Abschnitt	Ein Abschnitt oder Absatz ist ein Teil eines Textes. Zwischen zwei Abschnitten ist eine leere Zeile.
Anleitung	Eine Anleitung, zum Beispiel eine Bastelanleitung, beschreibt genau, wie man etwas machen soll. Auch Rezepte sind eine Art von Anleitung.
Autorin / Autor	Eine Autorin / ein Autor ist der Verfasser eines Textes, zum Beispiel für Bücher, Zeitschriften oder Zeitungen.
Bauernregel	Eine Bauernregel ist ein kurzer, gereimter Spruch über das Wetter. Beispiel: „Gibt's im März zu vielen Regen, bringt die Ernte wenig Segen."
Comic	Ein Comic ist eine Bildergeschichte. In Sprechblasen steht, was die Figuren sagen. In Denkblasen, was sie denken.
E-Book	Ein E-Book ist ein elektronisches Buch, das zum Beispiel auf einem Tablet oder einem Smartphone gelesen werden kann.
E-Mail	Eine E-Mail ist eine elektronische Nachricht, die über den Computer verschickt oder empfangen werden kann.
Fabel	Fabeln erzählen von Tieren, die sprechen können. Es sind kurze Geschichten, aus denen man etwas lernen kann.
Gedicht	Ein Gedicht besteht aus Versen. Oft reimen sich diese Verse.
Geschichte	Eine Geschichte ist ein Text, in dem etwas erzählt wird. Es gibt eine Handlung und Personen oder Tiere, die etwas tun und etwas sagen. Geschichten sind oft spannend.
Inhalts-verzeichnis	Ein Inhaltsverzeichnis gibt dem Leser einen Überblick über den Inhalt eines Buches, ohne dass er es durchlesen muss.
Internet	Das Internet, auch „Netz" genannt, verbindet viele Computer auf der Welt. Jeder kann Daten einstellen und abrufen.
Interview	Bei einem Interview werden Fragen gestellt und beantwortet.
Kapitel	Ein Kapitel ist Teil eines Buches. Meistens haben Kapitel eine Überschrift.
Lexikon	Ein Lexikon ist ein Buch, in dem man Erklärungen für Dinge oder Wörter nachschlagen kann.
Märchen	Märchen sind unwirkliche Geschichten, in denen Prinzessinnen, Zauberer, Hexen und andere Fantasiewesen vorkommen können. Märchen beginnen meist mit den Worten „Es war einmal …".
Reim	Zwei Wörter, die gleich klingen, bilden einen Reim. In Gedichten enden Verse oft mit Reimen.
Reportage	Bei einer Reportage berichtet jemand von Ereignissen. Dafür ist er direkt vor Ort und hat diese Dinge selbst erlebt oder Menschen interviewt.

Begriff	Erklärung
Rezept	Ein Rezept ist eine genaue Anweisung, wie man etwas machen soll. Kochrezepte sagen, wie man ein Essen zubereitet, Backrezepte geben Anweisungen, wie man etwas backen soll.
Sachtext	In einem Sachtext werden Dinge und Lebewesen kurz und knapp beschrieben, ohne dass jemand schreibt, was er darüber denkt.
Sage	Sagen sind alte Geschichten, die mit wirklichen Personen oder Orten verbunden sind. In ihnen kann Fantastisches vorkommen, zum Beispiel sprechende Tiere oder Zauberei.
Schaubild	In einem Schaubild werden Informationen sichtbar gemacht.
Spalte	Ein Text kann in Textblöcken nebeneinander stehen. Zeitungen und Zeitschriften haben oft Texte in Spalten.
Sprichwort	Ein Sprichwort ist eine knapp und treffend formulierte Lebensweisheit, zum Beispiel „Geteilte Freude ist doppelte Freude".
Steckbrief	In einem Steckbrief werden meist in Tabellenform die wichtigsten Daten in Informationen, zum Beispiel zu Menschen, gesammelt.
Strophe	Eine Strophe ist ein abgeschlossener Abschnitt in einem Gedicht/Lied.
Tabelle	Eine Tabelle besteht aus Spalten und Zeilen. In ihr sind Informationen, Zahlen oder Beobachtungen angeordnet.
Titel	Jedes Buch hat einen Namen. Dieser Name wird Titel genannt. Er soll Lust machen, das Buch zu lesen.
Überschrift	Die meisten Texte haben eine Überschrift. Sie sagt, worum es in dem Text geht.
Verlag	In einem Verlag werden Bücher geplant und hergestellt. Der Name des Verlags steht vorne auf dem Buchdeckel.
Vers	Ein Vers ist eine Zeile eines Gedichts. Ganz oft steht am Ende ein Reimwort.
Zeile	Eine Reihe in einem Text nennt man Zeile.
Zeitungsartikel	Ein Zeitungsartikel ist ein Text, der in einer Zeitung abgedruckt wird. Meistens ist es ein Sachtext.
Zungenbrecher	Ein Zungenbrecher ist ein Satz, der schwierig auszusprechen ist. Ganz oft enthält er ähnliche Wörter oder alle Wörter fangen mit dem gleichen Buchstaben an. Man muss sich sehr konzentrieren, wenn man ihn fehlerfrei aufsagen will, zum Beispiel: „Blaukraut bleibt Blaukraut und Brautkleid bleibt Brautkleid."

Literaturverzeichnis

S. 6 Bericht von Justine, aus: „Schule ist unsere Welt“, Badische Zeitung, 12. Sept. 2009
S. 8 / 9 In der neuen Klasse, Paul Maar, aus: „Kreuz und Rüben, Kraut und quer. Das große Paul Maar-Buch“, Verlag Friedrich Oetinger, Hamburg 2004
S. 10 – 12 Jakob und der große Junge, Paul Maar, Verlag Friedrich Oetinger, Hamburg 2001
S. 13 Leute, Günter Kunert, aus: „Ich und du und große Leute. Gedichte für Kinder“, Hrsg. Ursula Remmers und Ursula Warmbold, Philipp Reclam jun. GmbH & Co., Stuttgart 2013
S. 19 Das Wasser, James Krüss: © 2009 BMU Bildungsmaterialien – Grundschule, „Wasser ist Leben“; Leseblatt 23
S. 22 / 23 Hilfe! Wir versinken im Meer! Ansbert Kneip, Dein SPIEGEL, Nr. 1 / 2009
S. 26 Geschichte vom Wind, Josef Guggenmos, aus: „Was denkt die Maus am Donnerstag?“, Deutscher Taschenbuch Verlag GmbH & Co.KG, München 2011
S. 32 Wind, Eugen Gomringer, aus: „konkrete poesie“, Hrsg. Eugen Gomringer, Reclam, Ditzingen 1986
S. 33 Wetter-Massage, von https://we.riseup.net/insel+forum/ms#wetter-massage, abgerufen: 18.11.2016
S. 34 Ich bin glücklich, Lisa-Marie Blum, aus: „Was für ein Glück“, Hrsg. Hans-Joachim Gelberg, Beltz & Gelberg, Weinheim 1993
S. 35 weil Anna Murmelaugen hat, Walter Petri, aus: „Ich und Du und große Leute. Gedichte für Kinder“, Hrsg. Ursula Remmers und Ursula Warmbold, Philipp Reclam jun. GmbH & Co., Stuttgart 2013
S. 35 Ich freue mich ..., Frantz Wittkamp, aus: „Ich und Du und große Leute. Gedichte für Kinder“, Hrsg. Ursula Remmers und Ursula Warmbold, Philipp Reclam jun. GmbH & Co., Stuttgart 2013
S. 35 So schau mich an ..., Elisabeth Borchers, aus: „Ich und Du und große Leute. Gedichte für Kinder“, Hrsg. Ursula Remmers und Ursula Warmbold, Philipp Reclam jun. GmbH & Co., Stuttgart 2013
S. 36 / 37 Der Sprung ins Wasser, Anne Maar, aus: „Am liebsten schulfrei. Geschichten aus der Schule“, Hrsg. Jo Pestum, Heinrich Ellermann Verlag, Hamburg 1996
S. 38 – 41 Die Neuen, Paul Maar: „Lippels Traum“,Verlag Friedrich Oetinger, Hamburg 2011
S. 42 Ich will dich heut nicht sehen, Bernhard Lins, aus: „Großer Ozean. Gedichte für alle“, Hrsg. Hans-Joachim Gelberg , Beltz & Gelberg, Weinheim / Basel 2015
S. 43 Langeweile? Tu was!, Nora Clormann-Lietz, aus: „Großer Ozean. Gedichte für alle“, Hrsg. Hans-Joachim Gelberg , Beltz & Gelberg, Weinheim / Basel 2015
S. 44 / 45 Der Rollstuhl, Margaret Klare, aus: „Oder die Entdeckung der Welt“, Hrsg. Hans-Joachim Gelberg, Beltz & Gelberg, Weinheim 1997
S. 46 / 47 Nur die, die keine Angst haben, Cordula Tollmien, aus: „Was für ein Glück“, Hrsg. Hans-Joachim Gelberg, Beltz & Gelberg, Weinheim 1993
S. 63 Die Zeit, Gerald Jatzek, aus: „Großer Ozean. Gedichte für alle“, Hrsg. Hans-Joachim Gelberg, Beltz & Gelberg, Weinheim / Basel 2015
S. 74 / 75 Hunger in der Welt: Deutsche Welthungerhilfe, 2011
S. 76 / 77 Die Möhre, Peter Härtling: „Geschichten für Kinder“, Beltz & Gelberg, Weinheim 1988
S. 78 / 79 Heute kocht Nele, Sabine Neuffer: „Das Papa-Projekt“, Cecilie Dressler Verlag, Hamburg 2006
S. 88 / 89 Der Brief, Wilfrid Grote: „Kleine Sprünge“, Ravensburger Buchverlag, Ravensburg 1999
S. 109 Kleber herstellen © WDR, Köln 2011
S. 114 / 115 Der große Auftritt, Katja Königsberg: „Maja und Möhrchen werden Stars“, Ravensburger Buchverlag, Ravensburg 2008
S. 116 / 117 Wie ein Supermarkt in der Wüste, aus den Seiten „Rudi Rotbein“ in NATURSCHUTZ heute, Verlag Naturschutz heute, Berlin, 4 / 2010
S. 118 Warum sich Raben streiten, Frantz Wittkamp, aus: „Allerlei Getier. Gedichte für Kinder“, Hrsg. Ursula Remmers und Ursula Warmbold, Philipp Reclam jun. GmbH & Co., Stuttgart 2013
S. 119 Tiger-Jagd, Hans Georg Lenzen, aus: „Überall und neben dir. Gedichte für Kinder und Erwachsene“, Hrsg. Hans-Joachim Gelberg, Beltz & Gelberg, Weinheim / Basel 2011
S. 128 Über die Erde, Martin Auer, aus: „Fünfzig Kindergedichte“, ausgewählt von Heinz-Jürgen Kliewer, Philipp Reclam jun. GmbH & Co., Stuttgart 2000
S. 129 Ameisen, Christine Nöstlinger, aus: „Eines Tages – Geschichten von überallher“, Hrsg. Hans-Joachim Gelberg, Beltz & Gelberg, Weinheim 2008
S. 130 / 131 Der große Kapokbaum, Lynne Cherry, aus: „Kleine Maulwürfe vertragen sich gut – und andere Geschichten von Tieren aus aller Welt“, Hrsg. Jutta Langreuter, arsEdition, München 2000
S. 132 Weitsprung, Rosemarie Künzler-Behncke, aus: „Überall und neben dir. Gedichte für Kinder und Erwachsene“, Hrsg. Hans-Joachim Gelberg, Beltz & Gelberg, Weinheim / Basel 2011
S. 133 Die Biene am Fenster, Josef Guggenmos, aus: „Groß ist die Welt. Die schönsten Gedichte“, Hrsg. Hans-Joachim Gelberg, Beltz & Gelberg, Weinheim / Basel 2006
S. 138 / 139 Fremde Worte, Cornelia Funke: „Cornelia Funke erzählt von Bücherfressern, Dachbodengespenstern und anderen Helden“, Loewe Verlag, Bindlach 2011
S. 140 / 141 Inselferien, Thomas Schmid: „Pippa. Allerhand und mehr“, Verlag Friedrich Oetinger, 2008
S. 142 / 143 Das Monster vom blauen Planeten, Cornelia Funke: „Cornelia Funke erzählt von Bücherfressern, Dachbodengespenstern und anderen Helden“, Loewe Verlag, Bindlach 2011
S. 144 Da lieg ich im Bett, Josef Guggenmos, aus: „Groß ist die Welt. Die schönsten Gedichte“, Hrsg. Hans-Joachim Gelberg, Beltz & Gelberg, Weinheim / Basel 2006
S. 145 – 147 Nuri und der Geschichtenteppich, Andrea Karimé, Picus Verlag, Wien 2006
S. 154 / 155 King-Kong, das Krimischwein, Kirsten Boie, Verlag Friedrich Oetinger, Hamburg 2014
S. 158 / 159 Dschonghi und der Computer, Reinhold Ziegler, aus: „Oder die Entdeckung der Welt“, Hrsg. Hans-Joachim Gelberg, Beltz & Gelberg, Weinheim 1997
S. 164 / 165 Buchauszug: Lippels Wunderfackel, Paul Maar, „Lippels Traum“, Verlag Friedrich Oetinger, Hamburg 2011
S. 170 / 171 Die vier Jahreszeiten, Mascha Kaléko: „Die paar leuchtenden Jahre“, Deutscher Taschenbuch Verlag, München 2008
S. 172 Herbst, Ilse Kleberger, aus: „Die Stadt der Kinder“, Beltz & Gelberg, Weinheim 1999

S. 178 Tipps fürs neue Jahr, Paul Maar, aus: „Wo kommen die Worte her?“, Neue Gedichte für Kinder und Erwachsene, Hrsg. Hans-Joachim Gelberg, Verlag Beltz & Gelberg, Weinheim 2015
S. 179 Gewitter, Erwin Moser, aus: „Überall und neben dir. Gedichte für Kinder und Erwachsene“, Hrsg. Hans-Joachim Gelberg, Beltz & Gelberg, Weinheim / Basel 2011
S. 182 Meine liebe Mutter du © Ursula Wölfel
S. 183 Supermann © Anita Menger, www.meine-festtagsgedichte.de
S. 186 Ohne Worte: © Ecki
U3 Ein Hase, der gern Bücher las ..., Josef Guggenmos, aus: „Es las ein Bär ein Buch im Bett“, Hrsg. Ursula Remmers und Ursula Warmbold, Philipp Reclam jun. GmbH & Co., Stuttgart 2009

Liedquellenverzeichnis

S. 185 Schwimmbad, von der Kassette „Volkers Liederwiese“, Text und Musik: Volker Rosin, © Moon-Records-Verlag, Düsseldorf; Notensatz: Susanne Höppner, 23992 Neukloster

Bildquellenverzeichnis

S. 6 / 7 Justine: © sonne Fleckl – Fotolia.com; Massai-Unterricht © Bartosz Hadyniak – istockphoto; Weltkugel: © Fredex – Fotolia.com; School of the Air: Bill Bachmann / Alamy Stock Photos; Himmel (Hintergrund): ©detshana – Fotolia.com
S. 14 / 15 alle Fotos: © BOOKBRIDGE; Fotorahmen: © niroworld – Fotolia.com
S. 20 / 21 Kamel: © OlegD – Fotolia.com; Mikwe: © Manuel Cohen / akg-images; Taufe: © Thierry Sébaud – Fotolia.com; Muslim: ©Jasminko Ibrakovic – Shutterstock; Hindu-Frauen: ©Travel Stock – Shutterstock; Buddhistische Mönche © Nattawut Jaroenchai – stock.adobe.com; Unter Wasser (Hintergrund): © karandaev – Fotolia.com
S. 22 / 23 Sandsäcke: © Mary Sage – AP; Helikopter: © Al Grillo – AP; Haus: © Diana Haecker – AP; Junge: © Kiko Calvo – AP; Senator: © James Mason – AP
S. 24 zersplitterte Weltkugel © Shutter81 – Fotolia.com; Waldbrand: © gilitukha – Fotolia.com; Eisbär: © B. Wylezich – Fotolia.com
S. 25 Glühbirnen: © chones – Fotolia.com; Schulweg: © photophonie – Fotolia.com; Pausenbrot: © Björn Wylezich – Fotolia.com; Bahnfahrt: © lunaundmo – Fotolia.com; Hackfleisch: © Joe Gough – Fotolia.com; Gemüse: © nemez210769 – Fotolia.com; Lichtschalter: © Marco2811 – Fotolia.com; Trinkflasche: © Manuel Tennert – Fotolia.com; Stand-by: © malekas – Fotolia.com; Ausflug: © Jaren Wicklund – Fotolia.com; Sternenhimmel (Hintergrund): © @nt – Fotolia.com
S. 28 / 29 Sturmschaden: © Swen Pförtner – picture alliance / dpa; Sturmschaden: © Swen Pförtner – picture alliance / dpa; Sturmschaden: © Stefan Rampfel – picture alliance / dpa
S. 33 Der fliegende Robert: © www.commons.wikimedia.org
S. 42 Kind mit Karton: © photophonie – Fotolia.com
S. 43 Mops: © Africa Studio – Fotolia.com; Rollmops: © akf – Fotolia.com; Holzwand (Hintergrund): © Andrey Kuzmin – Fotolia.com
S. 52 / 53 Sonnenuhr: © Alis Photo – Fotolia.com; Sanduhr: © botnarencostas – Fotolia.com; Wasseruhr: © www.commons.wikimedia.org; Kerzenuhr: © www.commons.wikimedia.org; Nürnberger Ei: © Jean Baptist Duboule: Nürnberger Ei, Inv.Nr.D IV a 133 Mathematisch-Physikalischer Salon, Staatl. Kunstsammlungen Dresden; Zytgloggeturm: © www.commons.wikimedia.org; Kuckucksuhr: © Wieselpixx – Fotolia.com; Armbanduhr: © woe – Fotolia.com; Historischer Hintergrund: © LeonART – Fotolia.com
S. 58 / 59 Margarete Steiff: © Steiff Museum; Nähnadel: © WoGi – Fotolia.com; Nähkästchen: © katz23 – Fotolia.com; Nähmaschine: © VRD – Fotolia.com; Nähutensilien: © photocrew – Fotolia.com; Teddy: © MAST – Fotolia.com; Hintergrund: © Vjom – Fotolia.com
S. 60 Fotos: © Iris Zeller
S. 64 / 65 Fotos: © privat; Fotorahmen (weiß): © Max Diesel – Fotolia.com; Fotorahmen (braun): kamasigns – Fotolia.com; Fotorahmen (vergilbt): azure – Fotolia.com
S. 66 Sand: © knipsit – Fotolia.com; Uhrwerk: © Dmitriy Syechin – Fotolia.com
S. 74 / 75 Mutter mit Kind: © MShep2 – iStock by Getty Images; Weltkugel mit Gabel: © Diane Labombarbe – iStock by Getty Images; Boden: Jasmina007 – iStock by Getty Images
S. 80 / 81 Haferflocken: © amy_lv – Fotolia.com; Haferflockensuppe: © Heike Rau – Fotolia.com; Kürbis: © weseetheworld – Fotolia.com; Kürbiscremesuppe: © M. Studio – Fotolia.com; Rote Bete: © emuck – Fotolia.com; Borschtsch: © Sven Alender; Notizbuch © centrodigitale.com – Fotolia.com
S. 86 / 87 Holzstücke: © lohner63 – Fotolia.com; Fachwerkhäuser: © mojolo – Fotolia.com; Zimmerin an Maschine: © Tyler Olson – Fotolia.com; Zimmerin auf der Walz: © Blickfang – Fotolia.com; Bauernhaus: © Shutterstock; Rohbau Fachwerkhaus: © Ingo Bartussek – Fotolia.com; Zimmerei: Jörg Klein; Zimmerer: © Ingo Bartussek – Fotolia.com; Hobel mit Späne: © womue – Fotolia.com; Dachkonstruktion: © Gina Sanders – Fotolia.com; Holz-Hintergrund: © donatas1205 – Fotolia.com
S. 90 / 91 Fußball: © Fotolia.com; Samira Bologna: © Daniel Weber; Fußball-Spielerinnen: © Ryan McVay / Digital Vision / Getty images; Rasen-Hintergrund: © Coloures-pic – Fotolia.com
S. 95 Koch: © Drobot Dean – Fotolia.com; Gemüse: © ZoneCreative – Fotolia.com; Schiefertafel: Leigh Prather – Fotolia.com; Schreibblock: © Gina Sanders – Fotolia.com
S. 96 / 97 Fotos © privat; Taxischild: © madgooch – Fotolia.com
S. 100 Mikrofon: © ALDECAstudio – Fotolia.com
S. 101 Mädchen und Junge: © Picture-Factory – Fotolia.com

S. 102 / 103	Benz Patent-Motorwagen Nummer 1: © schepers_photography – Fotolia.com; Karl Benz: © www.commons.wikimedia.org; Bertha Benz: © Bertha Benz / Portrait / 1870 – akg- images; Rückseite Benz Patent-Motorwagen Nummer 1: © shepers-photography – Fotolia.com
S. 104 / 105	alle © fotosearch.de, außer: Hund: © Yuriy Vahlenko – Fotolia.com, Astronaut: © Yuriy Vahlenko – Fotolia.com; Kinderschuhe: © Veselka – Fotolia.com
S. 106 / 107	Louis Braille: © wikimedia.de; Hände lesen Braille: © Roman Milert – Fotolia.com; Würfel: Birgit Reitz-Hoffmann – Fotolia.com; Brailleschrift: Mellimage – Fotolia.com; Schreibschablone: © BSIP / Godong – mauritius images ; Schreibmaschine für Blinde: www.commons.wikimedia.org; Computer für Blinde: © elypse – Fotolia.com
S. 108 / 109	alle © WDR 2011, außer: Kleber: © bloomline – Fotolia.com
S. 110	Fotorahmen: © waltraut4 – Fotolia.com
S. 124	Mädchen mit Begleithund: © Herby Meseritsch – Fotolia.com; Kinder mit Elefanten: © kongjong – Fotolia.com; Junge mit Schwein: © Max Topchii – Fotolia.com
S. 126	Wolf: © giorgiape – Fotolia.com
S. 133	Bienen: © ykononova – Fotolia.com; Stadt: © Happy Art – Fotolia.com; Glas: © Pavel – Fotolia.com
S. 134 / 135	Berlin: © JFL Photography – Fotolia.com; Bienen: © Alekss – Fotolia.com; Großstadt-Imkerin: © Erika Mayr; Honigglas: © euthymia – Fotolia.com
S. 148 / 149	Baderegeln auf Schild: © Spring Werbeagentur; Quelle: Deutsche Gesellschaft für das Badewesen e. V.
S. 154 / 155	Bücherreihe: © Africa Studio – Fotolia.com; Buchtitel „Bestimmt wird alles gut“: © Klett Kinderbuch; Kirsten Boie: © Ulrich Perrey – picture-alliance / dpa; Buchtitel „King-Kong, das Krimischwein“: © Verlag Friedrich Oetinger; Pinnwand: © valiantmind – Fotolia.com; Stecknadelköpfe: © Damian – Fotolia.com
S. 156	Bücherstapel: © Paulista – Fotolia.com; Bücherstapel mit aufgeschlagenem Buch: © trotzolga – Fotolia.com; Bücherei: © Tyler Olson – Fotolia.com; Mädchen liest in Bücherei: © WavebrakMediaMicro – Fotolia.com
S. 160 / 161	Paul Maar: © Doris Poklekowski; Buchtitel „Onkel Alwin und das Sams“: © Verlag Friedrich Oetinger; Buchtitel „Der tätowierte Hund“: © Rowohlt Taschenbuch Verlag; Buchtitel „Lippels Traum“: © Verlag Friedrich Oetinger; Buchtitel „Der Galimat“: © Verlag Friedrich Oetinger; Buchtitel „Schiefe Märchen und schräge Geschichten“: © Verlag Friedrich Oetinger; Audio „Eine Woche voller Samstage“: © Verlag Friedrich Oetinger; Audio „JAguar und NEINguar“: © Verlag Friedrich Oetinger; E-Book „Eine Woche voller Samstage“: © Verlag Friedrich Oetinger; Plakat-Motive Sams und Lippels Traum: © Universum Film GmbH / collina filmproduktion GmbH; Laptop: © guteksk7 – Fotolia.com
S. 163	Szenenbilder Lippels Traum: © collina filmproduktion GmbH / Rolf von der Heydt
S. 166	Kinder mit Tablet: © contrastwerkstatt – Fotolia.com; Mädchen am Computer: © st-fotograf – Fotolia.com
S. 167	Geschichte auf Tablet: © Mildenberger Verlag; Tablet: © biaze – Fotolia.com; Smartphone: © jojje11 – Fotolia.com
S. 170 / 171	Waldlichtung: © Sandra Knopp – Fotolia.com; Mohnwiese: © Pavel Klimenko – Fotolia.com; Herbstbäume: © agneskantaruk – Fotolia.com; Winterfeld: © weseetheworld – Fotolia.com
S. 178	Zwei Jungen: © Markus Bormann – Fotolia.com
S. 182 / 183	Mutter und Mädchen: © jörn buchheim – Fotolia.com; Mädchen wird geschminkt: © jörn buchheim – Fotolia.com; Vater und Junge: © Solovyova Luidmyla – Fotolia.com; Vater spielt Fußball: Solovyova Luidmyla – Fotolia.com; Smiley: © SnyGGG – Fotolia.com
S. 185	schwimmendes Schwein: © Nejron Photo – Fotolia.com
S. 200	Lesekiste: © Mildenberger Verlag
S. 202	Schülergruppe: ©WavebreakmediaMicro – Fotolia.com
S. 200	Lesekiste: © Mildenberger Verlag
S. 202	Schülergruppe: ©WavebreakmediaMicro – Fotolia.com
S. 204 / 205	Kirsten Boie: © Ulrich Perrey – picture-alliance / dpa; Cornelia Funke: © akg-images / Jazz Archiv Hamburg / Uli Glockmann; Josef Guggenmos: © Bettina Guggenmos; James Krüss: © Teutopress / Süddeutsche Zeitung Photo; Paul Maar: © Doris Poklekowski; Christine Nöstlinger: © CONTRAST – action-press; Ilse Kleberger*
U4:	Schmetterling: © fovito – Fotolia.com; Labrador: © jagodka – Fotolia.com; Wellensittich: © Denis Tabler – Fotolia.com; Aquarium: © rcfotostock – Fotolia.com; Hase: © Photo-SD – Fotolia.com; Katze: © Werner Fellner – Fotolia.com; Meerschweinchen: © Vasily – Fotolia.com

* Trotz intensiver Suche ist es uns nicht in allen Fällen gelungen, den Rechteinhaber ausfindig zu machen. Der Verlag ist hier für die entsprechenden Hinweise dankbar. Berechtigte Ansprüche werden selbstverständlich im Rahmen der üblichen Vereinbarungen abgegolten.

Illustratorenverzeichnis

Renate Emme, 20257 Hamburg:	S. 36 / 37, 60 – 62, 70 / 71, 118, 119, 144, 148 / 149, 186, Umschlaginnenseite hinten
Christiane Ruth Franke, 8071 Grambach, Österreich:	S. 10 – 12, 24 (Schaubilder), 26, 27, 39 / 41 (Überarbeitung), 46 / 47, 88 / 89, 110 / 111, 114 / 115, 128, 140 / 141, 198, 201
Katrin Gaida, 81379 München:	S. 76 / 77, 129, 142 / 143, 180 / 181
Ingrid Hecht, 30163 Hannover:	untere Randgestaltung (Sterne), S. 34, 35, 78 / 79, 102 / 103, 120 / 121, 122 / 123, 179
Stefanie Kolb, 55270 Essenheim:	S. 132, 184
Sonja Kurzbach, 10997 Berlin:	S. 92 – 94, 176 / 177
Eckhard Lange (Ecki), 64295 Darmstadt:	S. 186 (Bildergeschichten)
Barbara Matt, 77654 Offenburg:	S. 38 – 41, 160, 162 – 165, 172, 173
Susanne von Poblotzki, 40625 Düsseldorf:	S. 8 / 9, 13, 54 – 57, 84 / 85, 130 / 131, 145 – 147, 158 / 159
Achim Schulte, 44263 Dortmund:	Umschlag (Kinder / Weltkugel), Symbole, S. 18 / 19, 44 / 45, 63, 72 / 73, 95 (Kochtopf), 116 / 117, 134 (Fotocollage), 138 / 139, 157, 174 / 175
Heike Treiber, 79199 Kirchzarten:	S. 200, 205, untere Randgestaltung